MUG-GOHAN

マグごはん

新谷友里江

宝島社

Contents

5　PART 1　マグごはんの基本
- 7　マグごはんってなに？
- 8　マグごはん　基本の作り方
- 10　マグごはん　おすすめ食材
- 12　マグごはん　調理のポイント

15　PART 2　朝のマグごはん
- 16　ふわふわオムレツ
- 18　パングラタン
- 20　ソーセージとキャベツのスープ
- 22　小松菜とベーコンのカレースープ
- 23　さばのみそ煮缶ときのこのみそ汁
- 24　トマトハムエッグ
- 26　トマトジュースとツナのリゾット
- 28　レタスとじゃこのチャーハン
- 30　さつまいもの豆乳ポタージュ
- 31　白菜とハムのコーンクリーム煮
- 32　注ぐだけごまみそ汁
　　　注ぐだけ中華スープ
- 34　鮭とたくあんのお茶漬け

35　**PART 3　夜のマグごはん**

- 36　鶏肉とじゃがいものトマト煮
- 38　キーマカレー
- 40　照り焼きチキン
- 42　豚キムチ
- 43　蒸ししゃぶ
- 44　茶碗蒸し
- 46　じゃがいもとブロッコリーのポテトサラダ
- 48　えびチリ
- 50　ピリ辛春雨ヌードル
- 51　豆乳温やっこ
- 52　かぶの肉詰め蒸し
- 54　ミートドリア
- 56　ふわふわお好み焼き
- 58　しらすといんげんの柚子こしょうリゾット
- 59　トマトパスタ
- 60　明太バターうどん
  　　ねぎ塩焼きそば

62　**COLUMN　マグごはんと一緒に食べたい**
　　おにぎりバリエーション

- ▲ ザーサイ＋桜えび＋万能ねぎ
- ▲ 明太子＋コーン
- ▲ 柴漬け＋チーズ
- ▲ 天かす＋紅しょうが
- ▲ ハム＋黒オリーブ＋バジル
- ▲ ツナ＋セロリ
- ▲ じゃこ＋高菜漬け
- ▲ ちくわ＋三つ葉
- ▲ 梅＋わかめ＋わさび

PART 4 おもてなしのマグごはん

- 66 バーニャカウダ
- 68 スモークサーモンとアスパラのキッシュ
- 70 チーズフォンデュ
- 72 レンジピクルス
- 73 きのこの柚子こしょうマリネ
- 74 ゴロゴロ野菜のミートローフ
- 76 ラタトゥイユ
- 78 えびとあさりのアクアパッツァ
- 80 かぼちゃとヨーグルトのサラダ
- 81 玉ねぎのベーコン巻きレンジ蒸し
- 82 テリーヌ
- 84 エスニックそぼろ混ぜごはん

PART 5 マグおやつ

- 86 くるみとバナナのマフィン
- 88 チョコケーキ
- 90 プリン
- 92 フレンチトースト
- 94 ココア汁粉
  きな粉ミルク餅
- 96 いちごジャム蒸しパン
- 98 マシュマロヨーグルトムース
- 100 ブルーベリーとヨーグルトのチーズケーキ
- 102 フルーツコンポート
- 103 バニラアイススイートポテト
- 104 板チョコフォンデュ
- 106 アップルカスタードディップ
- 108 マグおやつ　ラッピング講座

- 110 素材別　Index

PART 1

マグごはんの基本

マグごはんってどんなもの?
作り方の手順や注意点、おすすめの食材など、
おいしく作るための基本を覚えましょう。

マグごはんってなに？

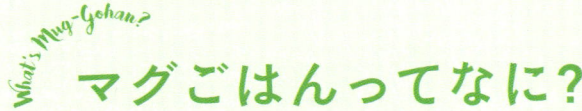

マグごはんは、マグカップを使って作るごはんのこと。

材料を入れて、調理は電子レンジにおまかせ！

フライパンや鍋などを使わないので

忙しい朝や小腹が空いたとき、手軽に作れるのが魅力。

見た目もおしゃれで、おもてなしにもおすすめです。

マフィンやプリンなどの
おやつも作れる♪

（マグごはん）

基本の作り方

How to Cook?

3ステップの手順で注ぐだけ&チンして混ぜるだけ！
料理が苦手な方でも簡単に作ることができます。

注ぐだけ

材料を入れる

食べやすい大きさに切った食材、調味料をマグカップに入れる。

熱湯を注ぐ

熱湯を分量通りに注ぐ。

混ぜる

菜箸やスプーンを使って、食材と調味料をしっかりと混ぜ合わせる。

マグごはんの基本

加熱調理の際は、必ず耐熱性のあるマグカップを使用してください。

正しいラップのかけ方は、P.13を参照してください。

電子レンジを使用する際、ラップを外す際は、やけどに十分注意してください。

マグカップの材質や大きさによって熱の入り方が多少変わります。様子を見ながら加熱してください。

電子レンジの加熱時間に関しては、P.14を参照してください。

電子レンジで
チンするだけ

材料を入れる

食べやすい大きさに切った食材、調味料をマグカップに入れる。

ラップをして
電子レンジで加熱

ふんわりとラップをして電子レンジで加熱する。
※ラップをしないレシピ、落としラップをするレシピもあります。

混ぜる

菜箸やスプーンを使って、食材と調味料をしっかりと混ぜ合わせる。マグカップも熱くなっているのでやけどに注意。

おすすめ食材

マグごはん

Recommended Ingredients

時短につながる食材や、食べごたえがあって腹持ちのよい食材など、
マグごはんを作るときに使える食材を紹介します。

朝食

肉加工品

忙しい朝の時短調理に便利。だしが出てうまみもUP。

パン

腹持ち抜群の主食。おやつにもおすすめ。

缶詰

ツナ缶、さば缶など。常備できて、朝食の栄養や味出しに。

コーンスープの素

牛乳と合わせてクリームリゾット、クリームソースなどに。

卵

毎朝食べたい完全栄養食品。電子レンジで加熱する際は破裂に注意。

牛乳

栄養バランスがよく、様々な料理に使いやすい。コク出しにも◎。

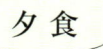 夕食

豆腐
食べごたえがあってヘルシーなので、かさ増しや、夜食に。

麺類
うどん、中華麺は生麺が使いやすい。パスタは早ゆでタイプを。

春雨
腹持ちのよいヘルシー食材。熱湯を注ぐだけで食べられて手軽。

チーズ
スライスチーズ（溶けるタイプ）、ピザ用チーズの2種類あるとバリエーションも広がる。

肉類
鶏肉、ひき肉、豚肉など。がっつり食べたいメインおかずに。

きのこ類
しめじ、エリンギ、しいたけなど。メイン、サブおかず、ごはんものなどどんな料理にも使える。

 その他

ソース系缶詰
トマトソース、ホワイトソース、ミートソースなど。常備できて、時短調理に役立つ。

トマトジュース
スープはもちろん、カレー、パスタ、リゾットなどにも使える。

ホットケーキミックス
マフィン、チョコケーキ、蒸しパンが簡単に作れる。

調理のポイント

(マグごはん)

Point of Cooking

マグごはんは、電子レンジで加熱して作る料理がほとんど。
手軽で簡単な分、気をつけたいことも多いので
しっかりとポイントをおさえましょう。

大きさの目安は 250 〜 300ml

一般的なマグカップの大きさ。食べごたえも出て、ごはん、麺料理にも適したサイズです。

前日準備して翌朝注ぐだけ or チン

長時間の作りおきはできませんが、前日に食材だけマグカップにセットしておき、翌朝、水分や調味料を足す、時短調理が可能。水分の多い食材は調理する直前に入れてください。

やけどに注意

熱湯を注いだり、電子レンジでの加熱後に、取り出す、ラップを外すなどの際、やけどには十分注意しましょう。

ラップのかけ方

ふんわりラップ

水分の蒸発を防いでしっかりと温めたいときにラップをします。ぴったりとかぶせてしまうと破裂することがあるので蒸気の逃げ道を少し作るようにふんわりとかぶせましょう。

落としラップ

ピクルスなど、具材をしっかりと浸したいときに、落としぶたの要領で具材に密着するようにラップをします。

ラップをしない場合も

チャーハンや混ぜごはんなど、水分を飛ばしたいものや、カップケーキなどのふんわりと仕上げたいものは、ラップをせずに電子レンジ加熱します。

＊P.88のチョコケーキはラップをしています

破裂する食材に注意

卵、オクラ、ソーセージ、たらこなどは、そのまま加熱すると破裂する危険があるので、あらかじめカットする、爪楊枝などで穴をあけるなどの下ごしらえが必要です。

2人分作りたいとき

この本で紹介しているレシピはマグカップ1個分です。2個分作りたい場合は、材料を倍にしてください。ただし、電子レンジで加熱する際は、必ず1個ずつ、表記の時間通りに行ってください。マグを2個入れ、加熱時間を2倍にしても、しっかりと熱が通らない場合があります。

この本の表記について

- 計量カップは1カップ=200㎖、計量スプーンは大さじ1=15㎖、小さじ1=5㎖です。
- すべてマグカップ1個分の分量です。

電子レンジの加熱について

- 加熱調理の際は、電子レンジ対応のマグを使用してください。
- 2個作る場合は、1個ずつ加熱してください。
  2個同時に加熱すると、しっかりと熱が入らない場合があります。
- ラップを外す際は、蒸気の噴出でやけどをする恐れがあるので、十分に注意してください。
- 電子レンジの加熱時間は600Wを基準にしています。
  マグの形状や材質、電子レンジの機種によって加熱時間に多少差がでますので、
  様子を見ながら加熱することをおすすめします。

[**500W**の電子レンジなら
  加熱時間を**1.2倍**に] [**700W**の電子レンジなら
  加熱時間を**0.85倍**に]

加熱時間早見表

500W	600W	700W
40秒	30秒	30秒
1分10秒	1分	50秒
1分50秒	1分30秒	1分20秒
2分20秒	2分	1分40秒
3分	2分30秒	2分10秒
3分40秒	3分	2分30秒
4分50秒	4分	3分20秒
6分	5分	4分20秒
7分10秒	6分	5分10秒
8分20秒	7分	6分
9分40秒	8分	6分50秒
10分50秒	9分	7分40秒
12分	10分	8分30秒

PART 2

朝のマグごはん

時短で作れるマグごはんは忙しい朝に最適!
定番のオムレツやハムエッグ、
具だくさんスープやごはんものなど、
栄養抜群で腹持ちのよいレシピをそろえました。

 ミックスベジタブルで手軽に
ふわふわオムレツ

Ingredients
（250〜300mlのマグ1個分）

卵…2個
マヨネーズ…大さじ1
こしょう…適量
ミックスベジタブル…大さじ3(25g)
トマトケチャップ…適量

How to

1 マグカップに卵を割り入れ、マヨネーズ、こしょうを入れてよく混ぜる。ミックスベジタブルを加えてさっと混ぜ、ふんわりとラップをして電子レンジ（600W）で1分30秒〜2分加熱する。

2 取り出してケチャップをかけ、あればパセリ（分量外）をのせる。

マグから飛び出るくらい大きく膨らみますが、しっかり加熱しないと底の方が生だったりするので、心配せずに膨らむまで加熱してください。

朝のマグごはん PART 2

食パンは焼いてから入れるのもおすすめ！

パングラタン

Ingredients

（250〜300mlのマグ1個分）

食パン（6枚切り）…1枚
アボカド…1/2個（70g）
ウインナーソーセージ…1本

A ホワイトソース缶…大さじ3
　牛乳…大さじ1と1/2

ピザ用チーズ…10g
黒こしょう…適量

How to

1 食パンは2〜3cm角に切る。アボカドは一口大、ソーセージは1cm幅の輪切りにする。Aは混ぜ合わせておく。

2 マグカップに食パン、アボカド、ソーセージの半量を入れてAの半量をかけ、もう一度これを繰り返す。ピザ用チーズをのせてふんわりとラップをし、電子レンジ（600W）で1〜2分加熱して黒こしょうをふる。

POINT

具材とホワイトソースを2段にすることで、深さのあるマグでも全体に味が絡んでおいしくいただけます。

ソーセージのうまみで食べごたえ十分！

ソーセージと
キャベツのスープ

Ingredients

(250〜300mlのマグ1個分)

ウインナーソーセージ…1本
キャベツ…1/2枚(40g)
ミックスビーンズ…大さじ2(15g)
顆粒コンソメスープの素…小さじ1/4
水…3/4カップ
塩、黒こしょう…各適量

How to

1 ソーセージは5mm幅の斜め切りにする。キャベツは3cm角に切る。

2 マグカップに全ての材料を入れてふんわりとラップをし、電子レンジ(600W)で3分加熱する。

POINT

ブロッコリーやにんじんを加えてもっと食べごたえを出してもOK。水の半量を牛乳に代えてミルクスープにしても合います。

MUG-GOHAN RECIPE 04

チーズが入ってまろやかに

小松菜とベーコンのカレースープ

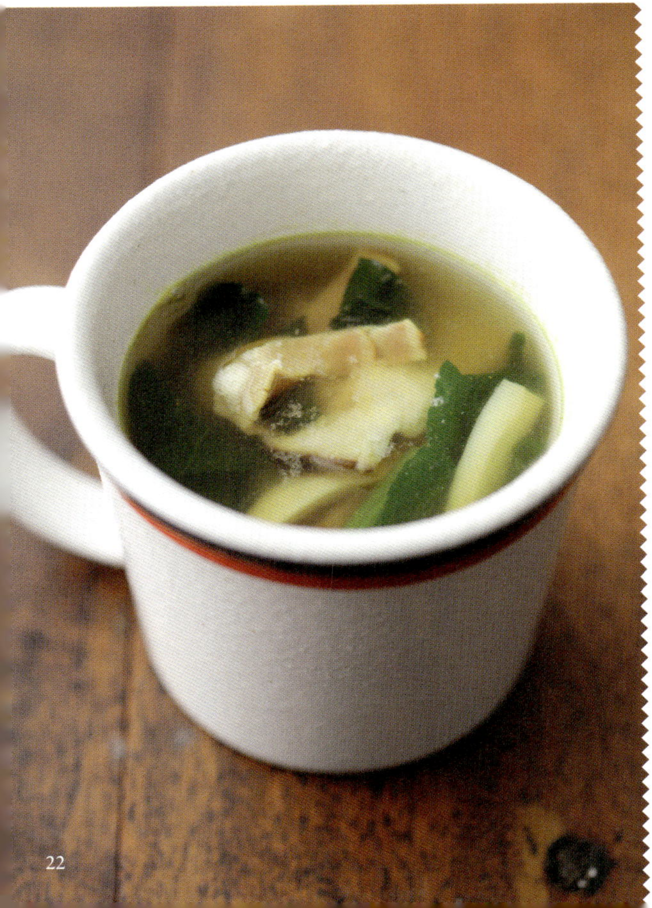

Ingredients（250～300mlのマグ１個分）

小松菜…１株（20g）
エリンギ…1/3パック（30g）
ベーコン…１枚

A
- 水…3/4カップ
- 顆粒コンソメスープの素…小さじ1/4
- カレー粉…小さじ1/4
- 塩、黒こしょう…各適量

粉チーズ…小さじ1/2

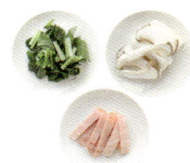

How to

1 小松菜は3cmのざく切り、エリンギは長さを半分にして5mm厚さに切る。ベーコンは1cm幅の細切りにする。

2 マグカップに1、Aを入れてふんわりとラップをし、電子レンジ（600W）で3分加熱する。

3 取り出して粉チーズをふる。

MUG-GOHAN RECIPE 05

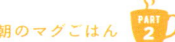

缶詰を丸ごと使ってみそいらず

さばのみそ煮缶ときのこのみそ汁

Ingredients（250〜300mℓのマグ1個分）

さばのみそ煮缶…1/3缶（70g）
まいたけ…1/2パック（50g）
にんじん…20g

A
水…3/4カップ
しょうゆ…小さじ1
和風だしの素…小さじ1/4

万能ねぎの小口切り…適量

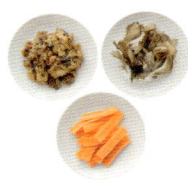

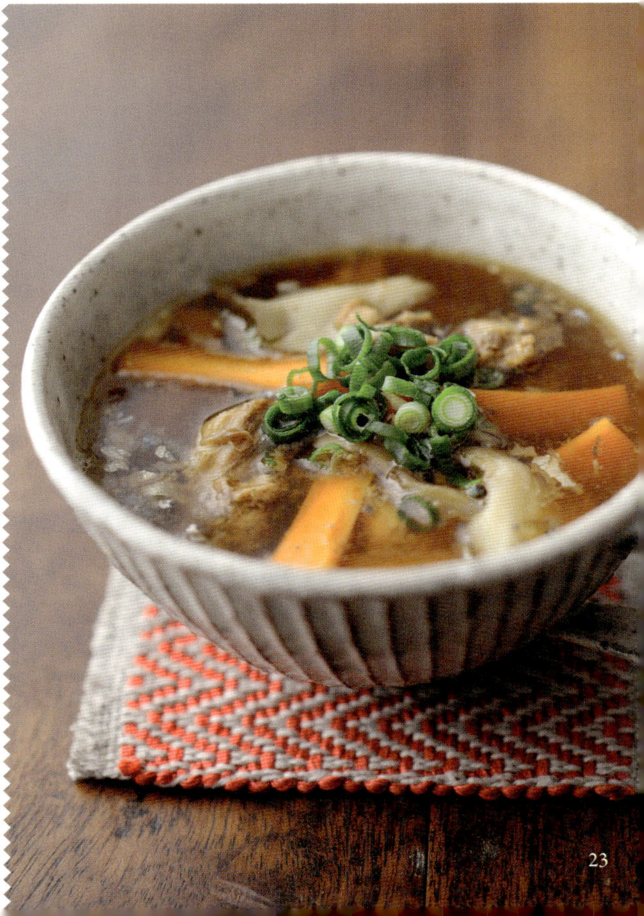

How to

1 まいたけはほぐす。にんじんは5cm長さに切り、1cm幅の短冊切りにする。

2 マグカップに1、さば缶、Aを入れてふんわりとラップをし、電子レンジ（600W）で2分30秒加熱する。

3 取り出して万能ねぎをふる。

朝のマグごはん PART 2

トマトで酸味とうまみをプラス！
トマトハムエッグ

Ingredients

(250 〜 300mlのマグ1個分)

トマト…1/4個(50g)
ハム…2枚
卵…1個
塩、粗びき黒こしょう…各適量

How to

1 トマトはヘタを取って一口大に切る。

2 マグカップにハムを入れて卵を割り入れる。黄身に爪楊枝で2〜3カ所穴をあけ、トマトをのせる。

3 ふんわりとラップをして電子レンジ(600W)で1分30秒〜1分40秒加熱し、塩、粗びき黒こしょうをふる。

POINT

卵が破裂しないように、黄身に穴をあけるのを忘れずに！　せん切りにしたキャベツをたっぷり入れてから卵を落として、巣ごもり風にするのもおすすめです。

25

朝のマグごはん

RECIPE 07

ジュースと缶詰なのに本格派！

トマトジュースと
ツナのリゾット

Ingredients

（250〜300㎖のマグ1個分）

ツナ缶（オイル漬け）…30g
玉ねぎ…1/8個（25g）
しめじ…1/5パック（20g）
温かいごはん…120g

A ┃ トマトジュース（食塩不使用）…1/4カップ
　┃ 水…1/4カップ
　┃ 顆粒コンソメスープの素…小さじ1/4
　┃ 塩、黒こしょう…各適量

パセリのみじん切り…適量

How to

1 ツナは軽く油を切る。玉ねぎは粗みじん切り、しめじは石づきを取って小房に分ける。

2 マグカップにごはん、**1**、**A**を入れてふんわりとラップをし、電子レンジ（600W）で2分加熱する。

3 全体を混ぜてパセリをふる。

POINT

トマトジュースの代わりに野菜ジュースでもOK。ツナの代わりにハムやベーコンを入れたり、タバスコをかけてピリ辛味にしてもおいしいです。

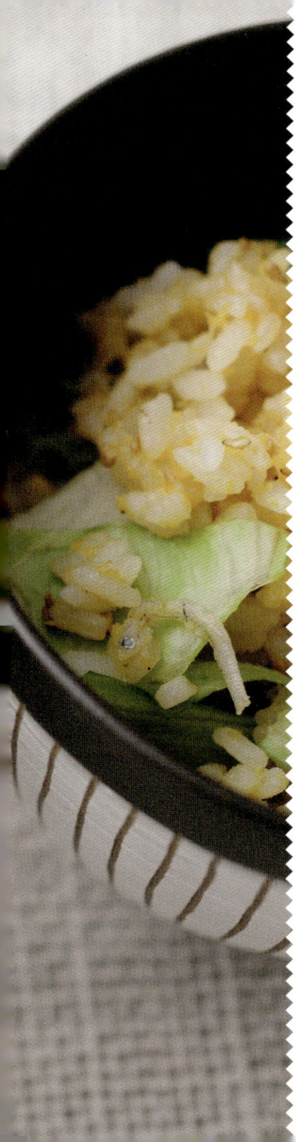

朝のマグごはん

大きめのレタスが食感のアクセント

RECIPE 08

レタスとじゃこの
チャーハン

Ingredients

(250 ～ 300㎖のマグ1個分)

レタス…1/2枚（10g）
温かいごはん…120g
溶き卵…1/2個分
ちりめんじゃこ…大さじ1（4g）

A ┃ しょうゆ…小さじ1/2
  ┃ ごま油…小さじ1/2
  ┗ 塩、黒こしょう…各適量

白いりごま…小さじ1/2

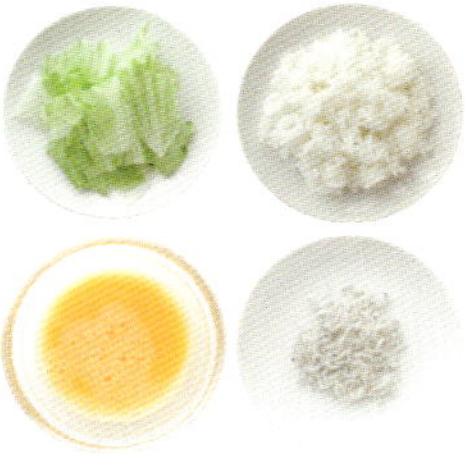

How to

1 レタスは一口大にちぎる。

2 マグカップにごはん、溶き卵、ちりめんじゃこ、A を入れてよく混ぜる。ラップをしないで電子レンジ（600W）で30秒加熱し、一度取り出してよく混ぜ、さらに30秒加熱する。

3 レタス、白いりごまを加えてさっくりと混ぜる。

POINT

卵にきちんと火が入るとパラパラに仕上がるので、ごはんとしっかりからめてから加熱してください。まだしっとりとしていたら、20秒くらいずつ再加熱してみてください。

MUG-GOHAN RECIPE 09

ぽってりと濃厚で、クリーミー

さつまいもの豆乳ポタージュ

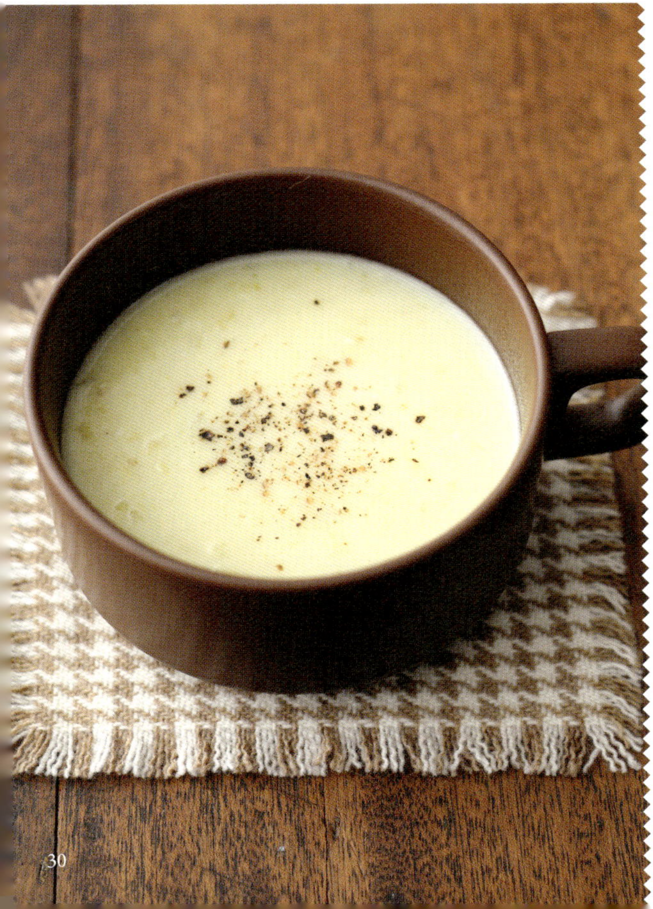

Ingredients（250～300mlのマグ1個分）

さつまいも…80g（正味）
玉ねぎ…1/8個（25g）

A
- 顆粒コンソメスープの素…小さじ1/4
- 豆乳…120ml
- 塩、黒こしょう…各適量

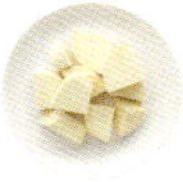

How to

1 さつまいもは皮をむいて一口大に切る。玉ねぎは繊維を断つように薄切りにする。

2 マグカップに1を入れてふんわりとラップをし、電子レンジ（600W）で1分～1分30秒加熱する。フォークなどでなめらかになるまでつぶし、Aを入れてふたたびラップをし、さらに1分加熱する。

MUG-GOHAN RECIPE 10

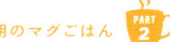

コーンスープの素を使うから時短！

白菜とハムのコーンクリーム煮

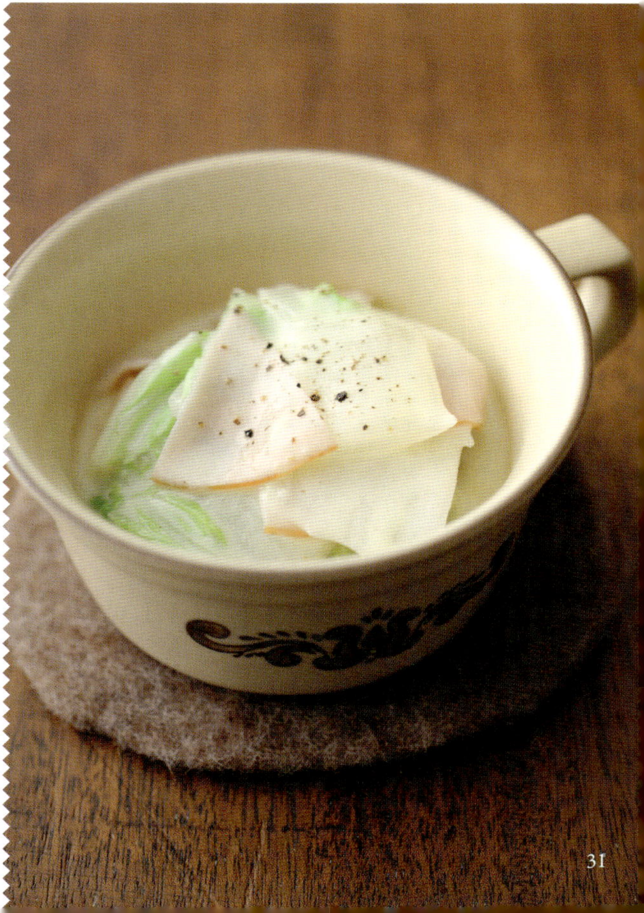

Ingredients（250～300mℓのマグ1個分）

白菜…100g
ハム…2枚
A［コーンスープの素…小さじ2（6g）
　 牛乳…40mℓ
塩、黒こしょう…各適量

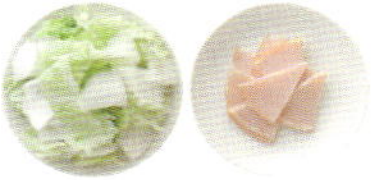

How to

1 白菜は縦半分にして3cm幅のそぎ切りにする。ハムは8等分にする。

2 マグカップにAを入れて混ぜ、1を入れてラップをし、電子レンジ（600W）で2分加熱する。

3 全体を混ぜ、味を見て塩、黒こしょうで調える。

MUG-GOHAN RECIPE 11

水菜のシャキシャキ食感が楽しい

注ぐだけごまみそ汁

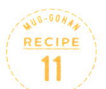

Ingredients

（250〜300mℓのマグ1個分）

水菜…20g
カットわかめ（乾燥）
…小さじ1（1g）
みそ…小さじ2
かつお節…大さじ1
白すりごま…小さじ1/4
熱湯…3/4カップ

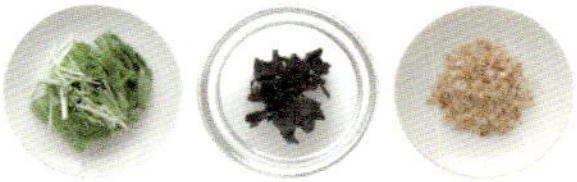

How to

1 水菜は3cm長さに切る。

2 マグカップに熱湯以外の全ての材料を入れ、熱湯を注いでよく混ぜる。

MUG-GOHAN RECIPE 12

桜えびの香りがフワッと広がる

注ぐだけ中華スープ

Ingredients

（250〜300mℓのマグ1個分）

レタス…1枚（20g）
桜えび…大さじ1/2（1g）
しょうがのすりおろし…少々
しょうゆ…小さじ1/4
鶏ガラスープの素
…小さじ1/4
塩、黒こしょう…各適量
熱湯…3/4カップ

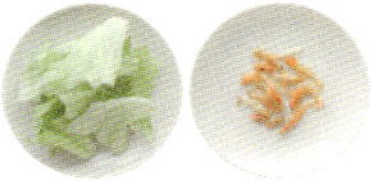

How to

1 レタスは一口大にちぎる。

2 マグカップに熱湯以外の全ての材料を入れ、熱湯を注いでよく混ぜる。

MUG-GOHAN RECIPE 13

たくあんは大きめに切って食感を出して

鮭とたくあんのお茶漬け

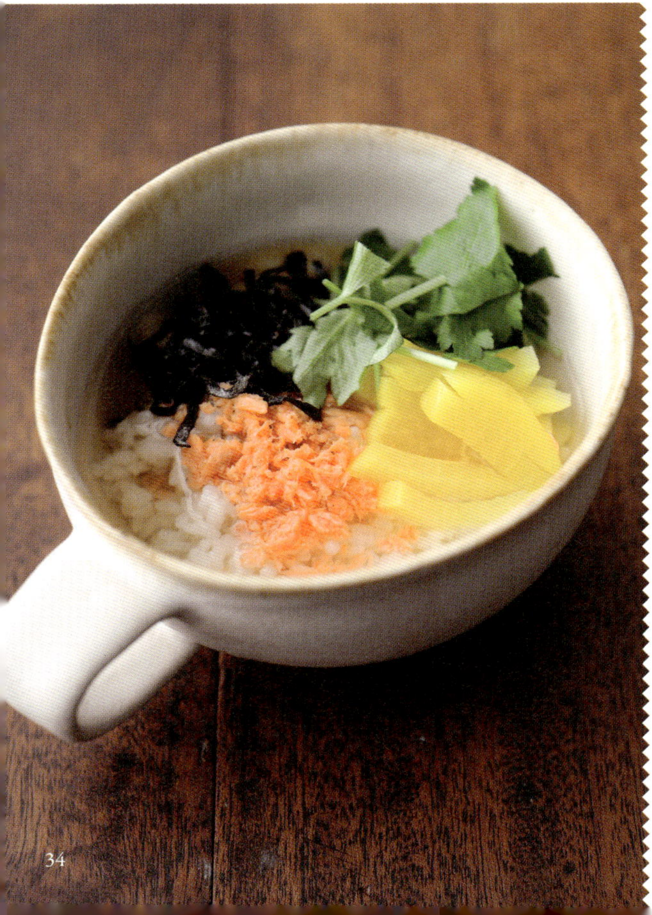

Ingredients（250 〜 300mℓのマグ1個分）

温かいごはん…120g
鮭フレーク…大さじ1（10g）
たくあん…20g
三つ葉…適量
塩昆布…大さじ1（4g）
熱湯…1/2カップ

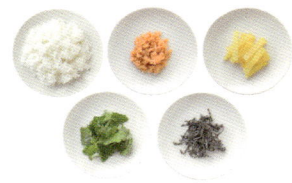

How to

1 たくあんは細切りにする。三つ葉はざく切りにする。

2 マグカップに熱湯以外の全ての材料を入れ、熱湯を注ぐ。

PART 3

夜のマグごはん

照り焼きチキンや豚キムチ、蒸ししゃぶなど、
肉をメインに使ったボリューム満点なレシピや
野菜、春雨、豆乳などのヘルシー食材を使った
夜食にうれしいレシピなどが満載です。

RECIPE 14

にんにくの香りが食欲をそそる

鶏肉とじゃがいもの トマト煮

Ingredients

(250～300mlのマグ1個分)

鶏もも肉…1/3枚(100g)
じゃがいも…1/2個(60g)
塩、黒こしょう…各適量
小麦粉…小さじ1

A
- トマト水煮缶…1/4カップ
- トマトケチャップ…小さじ1
- 砂糖…ひとつまみ
- にんにくのすりおろし…少々

パセリのみじん切り…適量

How to

1 鶏肉は一口大に切って塩、黒こしょうをし、小麦粉をまぶす。じゃがいもは皮をむき、6等分に切って水にさらす。

2 マグカップにAを入れてよく混ぜ、1を入れて全体をからめる。ふんわりとラップをして電子レンジ(600W)で3～4分加熱する。

3 取り出してパセリをふる。

POINT

じゃがいもの代わりになすやブロッコリーを使うのもおすすめ。鶏肉にまぶす小麦粉がとろみの素になるので、分量の粉をしっかり鶏にまぶしてください。

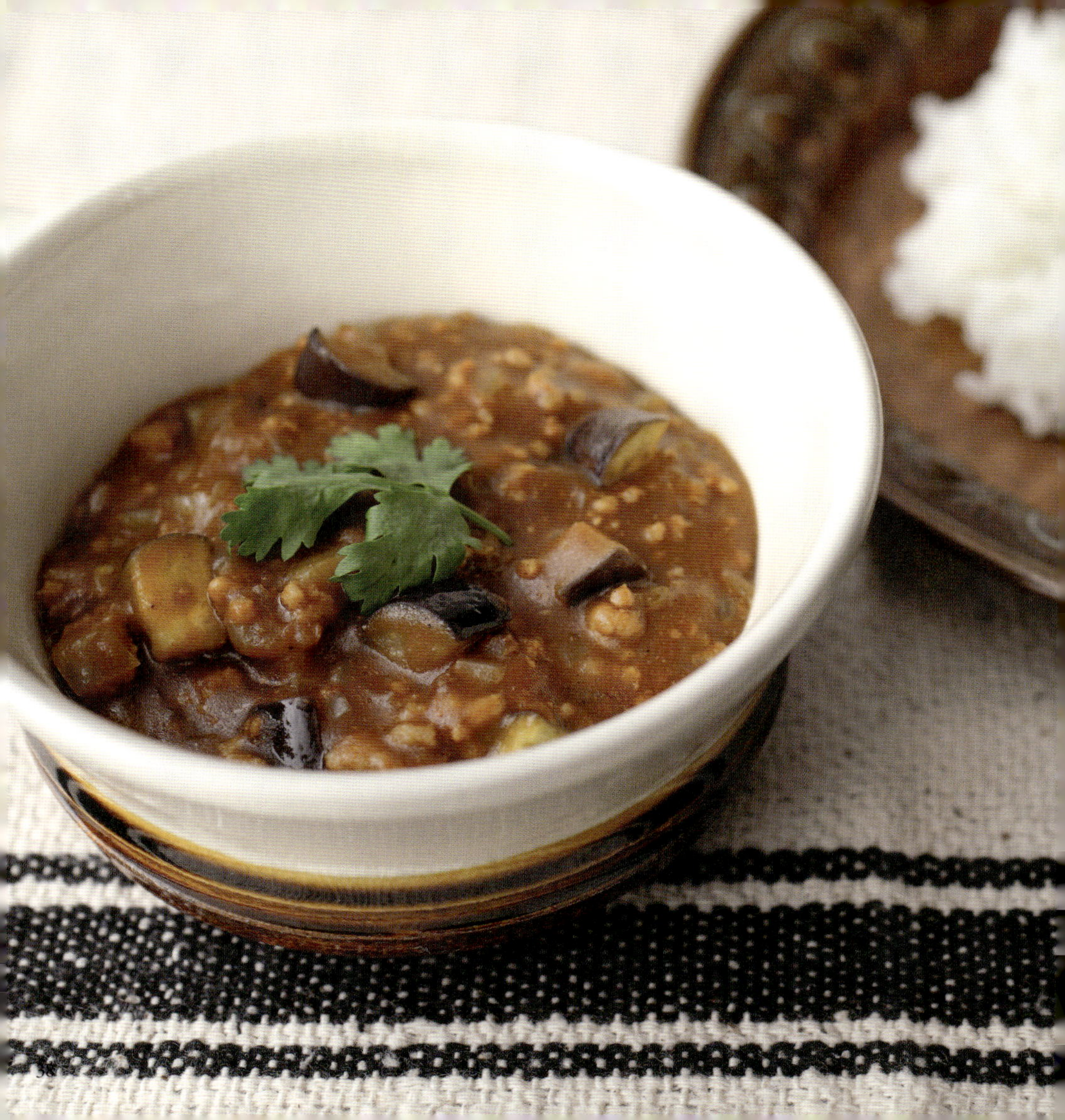

RECIPE 15

トマトジュースの酸味でさっぱりとした味わい

キーマカレー

Ingredients

(250～300mlのマグ1個分)

- 豚ひき肉…50g
- 玉ねぎ…1/8個(25g)
- なす…1/2本(30g)
- カレールウ…1かけ(15g)
- トマトジュース(食塩不使用)…1/4カップ
- 水…大さじ2
- しょうゆ…小さじ1/2
- 温かいごはん…適量

How to

1. 玉ねぎは粗みじん切り、なすは1cm角に切って水にさらす。カレールウは刻んでおく。

2. マグカップにごはん以外の全ての材料を入れてよく混ぜ、ふんわりとラップをして電子レンジ(600W)で2分加熱する。取り出してよく混ぜ、ラップをかけずにさらに2分加熱する。

3. 取り出してイタリアンパセリ(分量外)をのせ、別の器にごはんを盛って添える。

POINT

いんげんやパプリカ、れんこんなど、色々な野菜で楽しめます。カレールウは溶け残る場合があるので、必ず刻んでから加えてください。

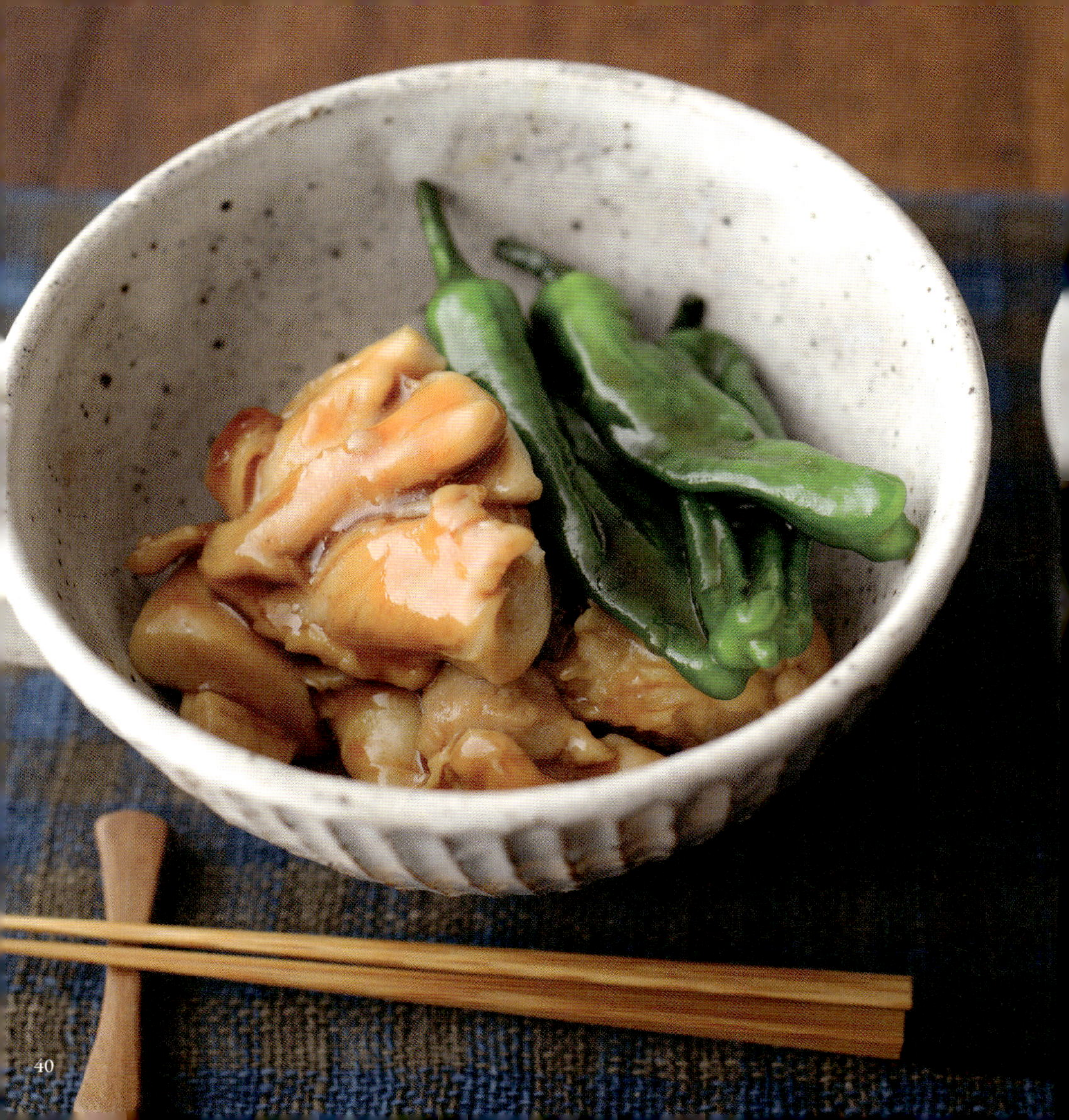

夜のマグごはん PART 3

RECIPE 16

片栗粉をまぶした鶏肉はふっくらやわらか

照り焼きチキン

Ingredients

(250 〜 300mlのマグ 1 個分)

鶏もも肉…1/2枚 (150g)
ししとう…3本

A
しょうゆ…大さじ1
砂糖…小さじ2
片栗粉…小さじ1/2

How to

1 鶏肉は6等分に切る。ししとうはヘタを少し切って縦に1本切り目を入れる。

2 マグカップに A を合わせ、鶏肉を入れてからめる。ししとうをのせてふんわりとラップをし、電子レンジ(600W)で2分30秒加熱する。

3 取り出して全体をよく混ぜる。

POINT

加熱した直後は、あまりたれがからんでいないように見えますが、しっかり混ぜると照りが出て、きれいにたれがからみます。

MUG-GOHAN RECIPE 17

ボリュームおかずも炒めずに時短調理

豚キムチ

Ingredients (250〜300mlのマグ1個分)

豚ロース薄切り肉…80g
ピーマン…1個
白菜キムチ…40g

A しょうゆ、酒…各小さじ1/2
ごま油、片栗粉…各小さじ1/4
塩、黒こしょう…各適量

How to

1 豚肉は一口大に切る。ピーマンはヘタと種を取って一口大の乱切りにする。

2 マグカップに豚肉、A、キムチを入れて混ぜ、ピーマンをのせてふんわりとラップをし、電子レンジ（600W）で2分加熱する。

3 取り出して全体をよく混ぜる。

RECIPE 18

野菜は食感を残すくらいがおいしい
蒸ししゃぶ

Ingredients (250〜300mlのマグ1個分)

豚ロース肉(しゃぶしゃぶ用)…60g
ズッキーニ…1/2本(50g)
にんじん…小1/3本(40g)
塩、黒こしょう…各適量
酒…小さじ1/2

A
　ねぎのみじん切り…大さじ1/2
　しょうがのすりおろし…少々
　ポン酢…大さじ1
　ごま油…小さじ1/2

How to

1. ズッキーニ、にんじんは縦2〜3mm幅の薄切りにする。豚肉は野菜と同じ長さに切り、塩、黒こしょうをふる。

2. マグカップに1の肉と野菜を交互に並べて詰め、酒をふってふんわりとラップをし、電子レンジ(600W)で2分〜2分30秒加熱する。

3. 取り出して混ぜ合わせたAをつけて食べる。

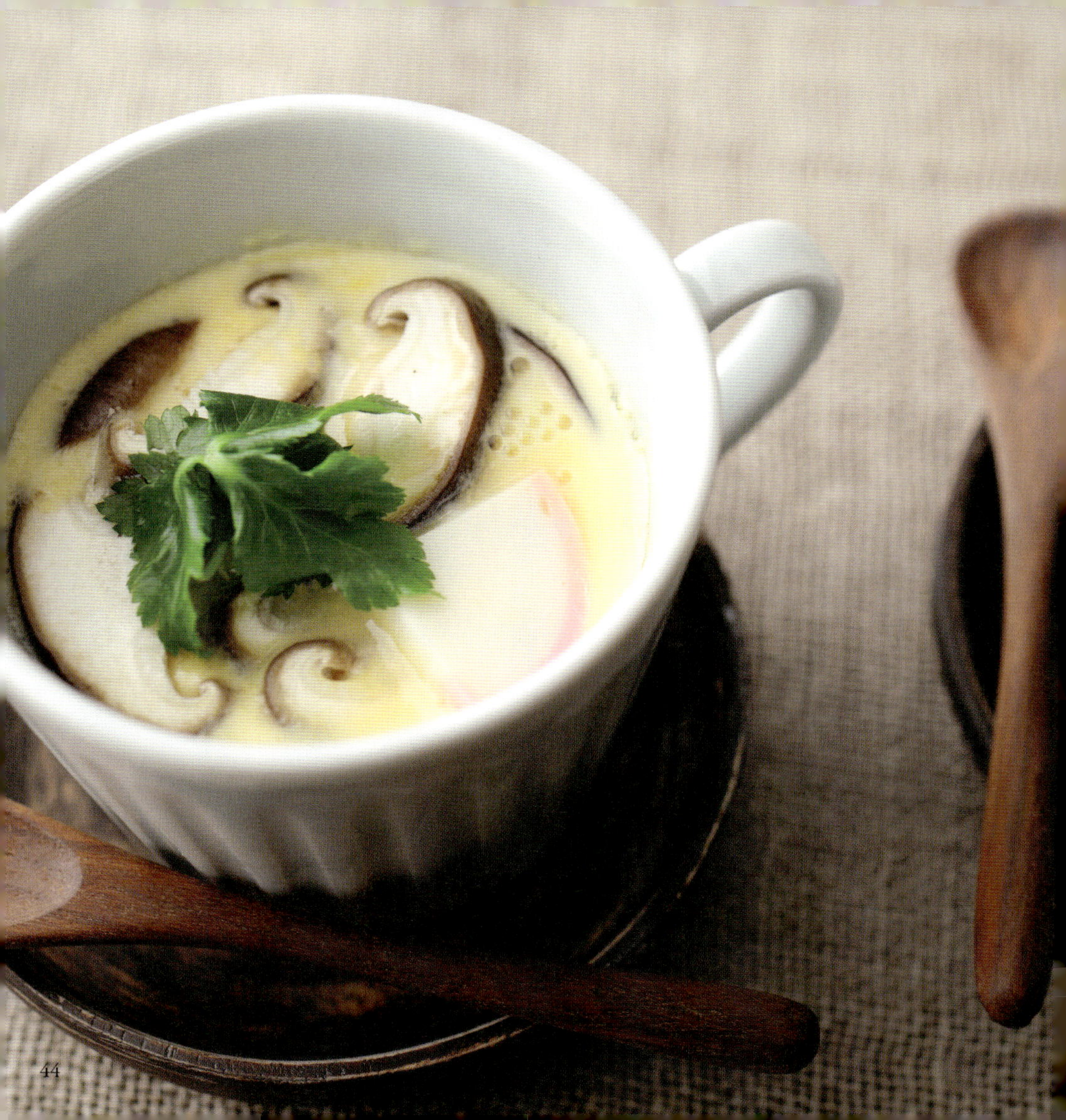

RECIPE 19 蒸し器がなくてもつるっとなめらか
茶碗蒸し

Ingredients
(250～300mlのマグ1個分)

卵…1個
かまぼこ…2切れ
しいたけ…1個
水…1/2カップ
白だし…大さじ1/2
三つ葉…少々

How to

1 かまぼこは半分に切る。しいたけは石づきを取り、5mm幅の薄切りにする。

2 ボウルに卵、水、白だしを入れて泡立て器で混ぜ合わせ、ざるなどでこしながらマグカップに入れる。

3 1を入れてふんわりとラップをし、電子レンジ（200W）で6〜7分加熱する。

4 取り出して三つ葉をのせる。

POINT

ぽこぽこっと沸騰してしまうとスが入ってしまうので、様子を見ながら加熱してください。表面がフルフルッとして固まっていればOK！　後は余熱で火が入ります。

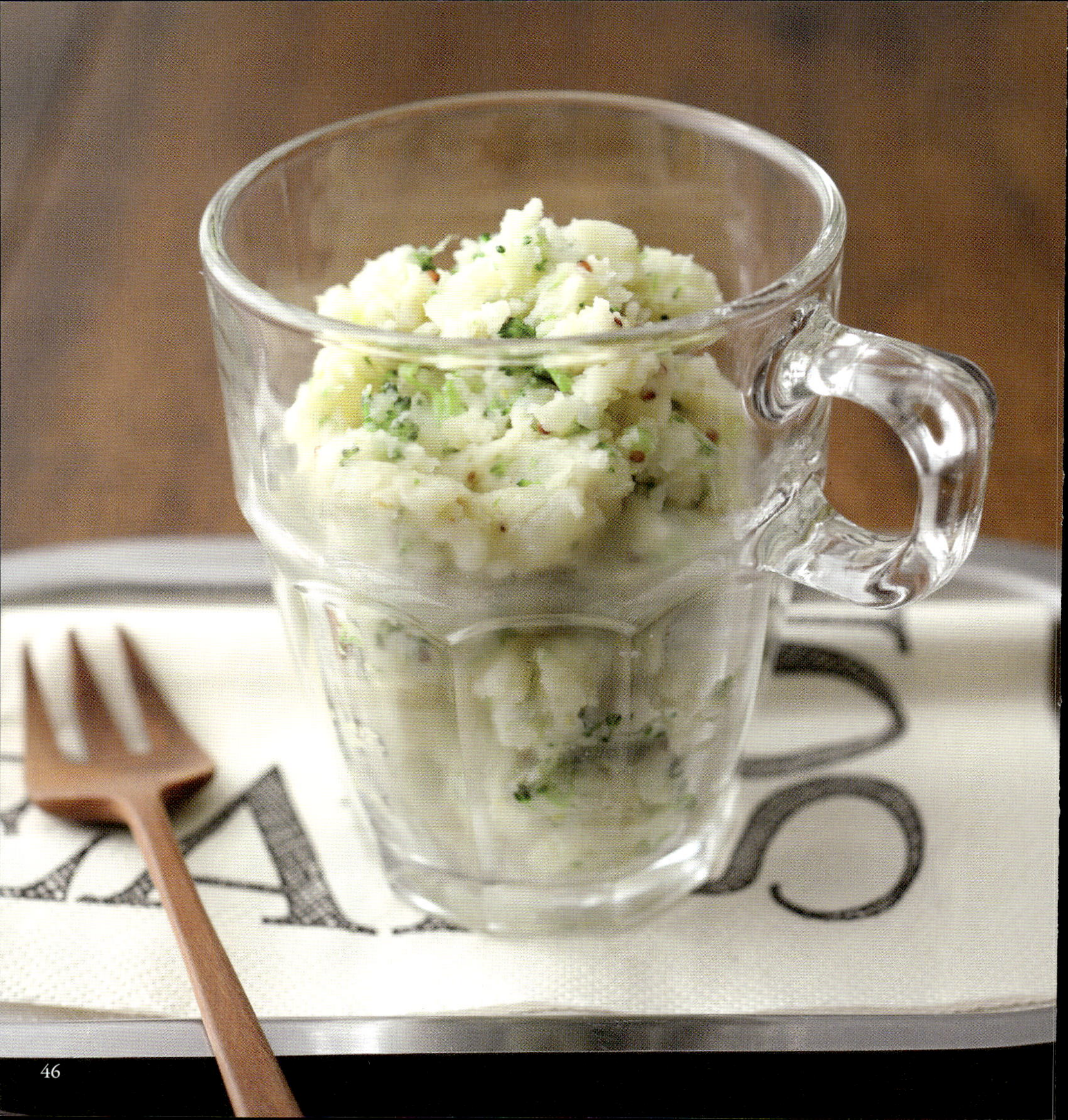

夜のマグごはん PART 3

RECIPE 20

粒マスタードを入れると本格的な味に

じゃがいもとブロッコリーのポテトサラダ

Ingredients
(250〜300mlのマグ1個分)

じゃがいも…1個(130g)
ブロッコリー…20g

A ┃ マヨネーズ…大さじ1と1/2
　 ┃ 粒マスタード…小さじ1/2

How to

1. じゃがいもは皮をむいて一口大に切り、水にさらす。ブロッコリーは小房に分ける。

2. マグカップに**1**を入れてふんわりとラップをし、電子レンジ（600W）で2分加熱する。

3. やわらかくなったらつぶし、**A**を加えて混ぜる。

POINT

ブロッコリーの茎もしっかりとやわらかくなっていれば問題なく加熱できています。マヨネーズの半量をヨーグルトに代えて塩、こしょうをプラスするとヘルシーになります。

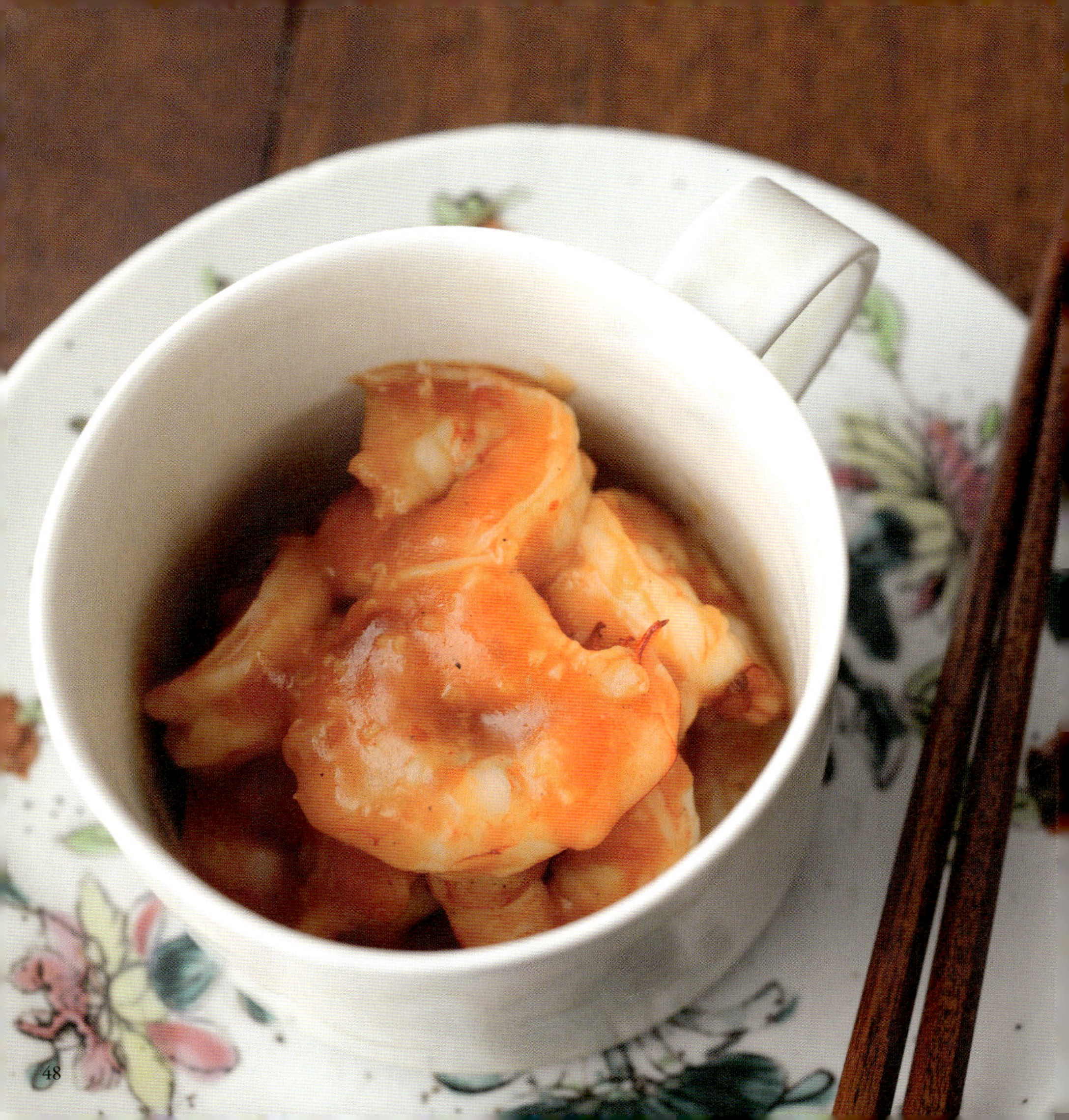

夜のマグごはん PART 3

RECIPE 21

チリソースがしっかりとからみ、ごはんにも合う

えびチリ

Ingredients

（250〜300mlのマグ1個分）

殻つきえび…8尾
酒…小さじ1/2
塩、こしょう…各適量

A
- にんにく、しょうがのみじん切り…各少々
- 水…大さじ1と1/2
- トマトケチャップ…大さじ1/2
- 豆板醤、片栗粉…各小さじ1/2
- 砂糖、しょうゆ、ごま油…各小さじ1/4

How to

1 えびは尾を取って殻をむき、背中に切り目を入れて背ワタを取り、酒、塩、こしょうをもみ込む。

2 マグカップに1を入れ、混ぜ合わせたAを入れてさっと混ぜる。ふんわりとラップをして電子レンジ(600W)で2分〜2分30秒加熱する。

3 取り出して全体をよく混ぜる。

POINT

加熱しすぎるとえびがかたくなってしまうので様子を見て。たらの切り身で作ってもおいしいです。

RECIPE 22

ひき肉が入ると満足感アップ
ピリ辛春雨ヌードル

Ingredients（250〜300mlのマグ1個分）

にら…1/4束(4本)
豚ひき肉…20g
春雨…15g(小分けタイプ2個)

A
　水…3/4カップ
　鶏ガラスープの素…小さじ1/2
　しょうゆ…小さじ1/2
　豆板醤…小さじ1/4
　塩、黒こしょう…各適量

How to

1 にらは3cm長さのざく切りにする。

2 マグカップにAを入れてよく混ぜ、ひき肉を入れてさっと混ぜる。にら、春雨を入れてふんわりとラップをし、電子レンジ(600W)で2分加熱する。

RECIPE 23

天かす+青じその組み合わせがやみつきに

豆乳温やっこ

Ingredients (250〜300mlのマグ1個分)

絹ごし豆腐…1/3丁(100g)
豆乳(無調整)…1/3カップ
天かす…大さじ1
めんつゆ(2倍濃縮)…大さじ1
青じそ…1枚

How to

1 マグカップに豆腐、豆乳を入れてふんわりとラップをし、電子レンジ(600W)で2分加熱する。

2 豆腐が温まったら天かすをのせ、めんつゆをかけてちぎった青じそを散らす。

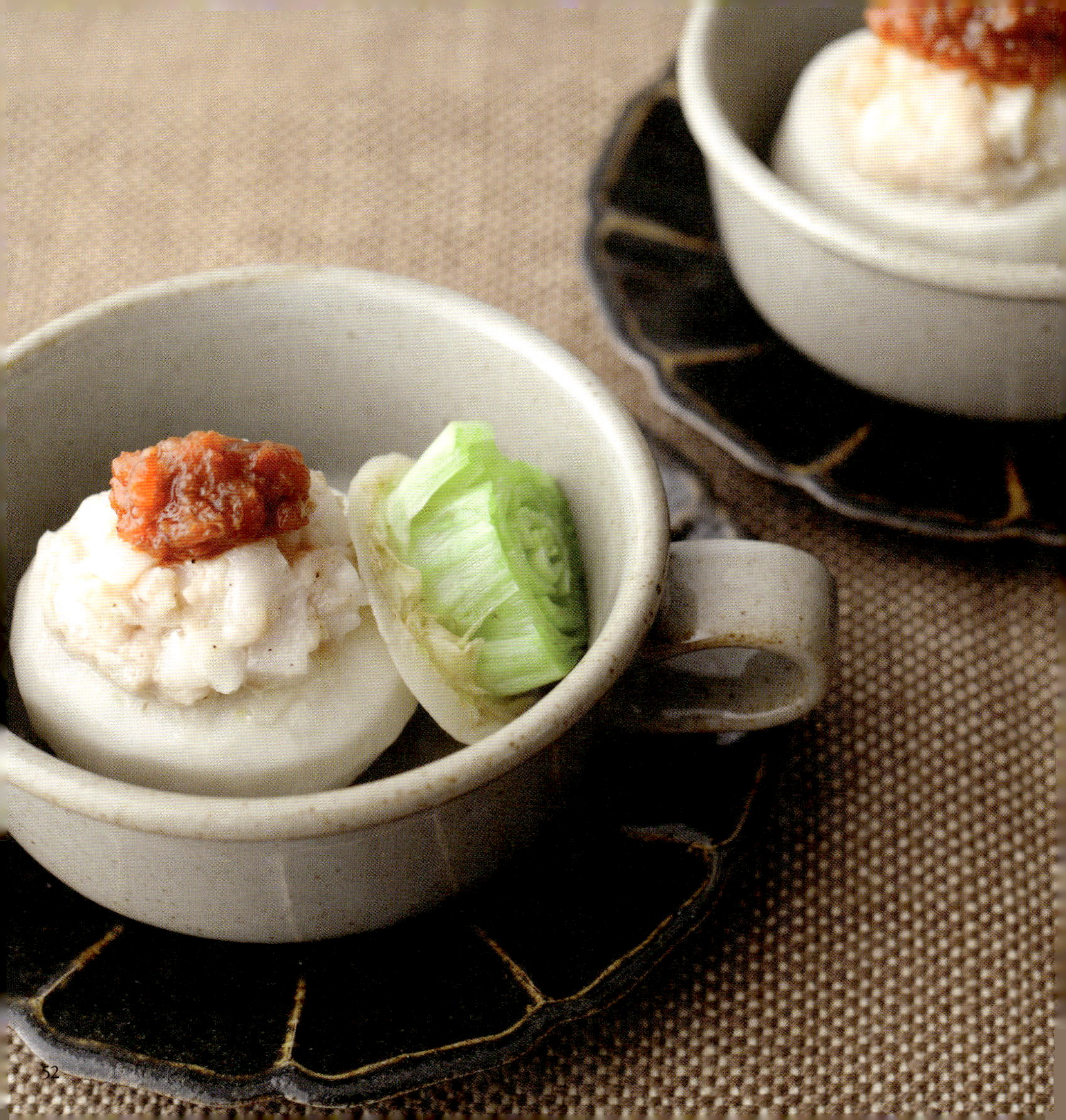

RECIPE 24 かぶの肉詰め蒸し

ボリュームのある一品を梅だれでさわやかに

Ingredients

(250〜300mlのマグ1個分)

かぶ…中1個(100g)
鶏ひき肉…20g

A
- 塩、黒こしょう…各適量
- 片栗粉…小さじ1/4
- 酒…小さじ1/4

B
- 梅肉…大さじ1/2
- しょうゆ…小さじ1/2
- かつお節…小さじ1/2
- 水…小さじ1/2

How to

1 かぶは上部の茎部分を落としてスプーンなどでくりぬき、くりぬいた部分はみじん切りにする(約15g)。

2 ボウルにひき肉、みじん切りにしたかぶ、A を入れてよく混ぜ、かぶに詰める。

3 2 とかぶの茎部分をマグカップに入れ、ふんわりラップをして電子レンジ(600W)で2〜3分加熱する。

4 火が通ったら混ぜ合わせた B をのせる。

POINT

肉だねにつま楊枝を刺して、すんだ肉汁が出てくればOK。たれはもっと簡単に、ポン酢をかけるだけでもおいしいです。

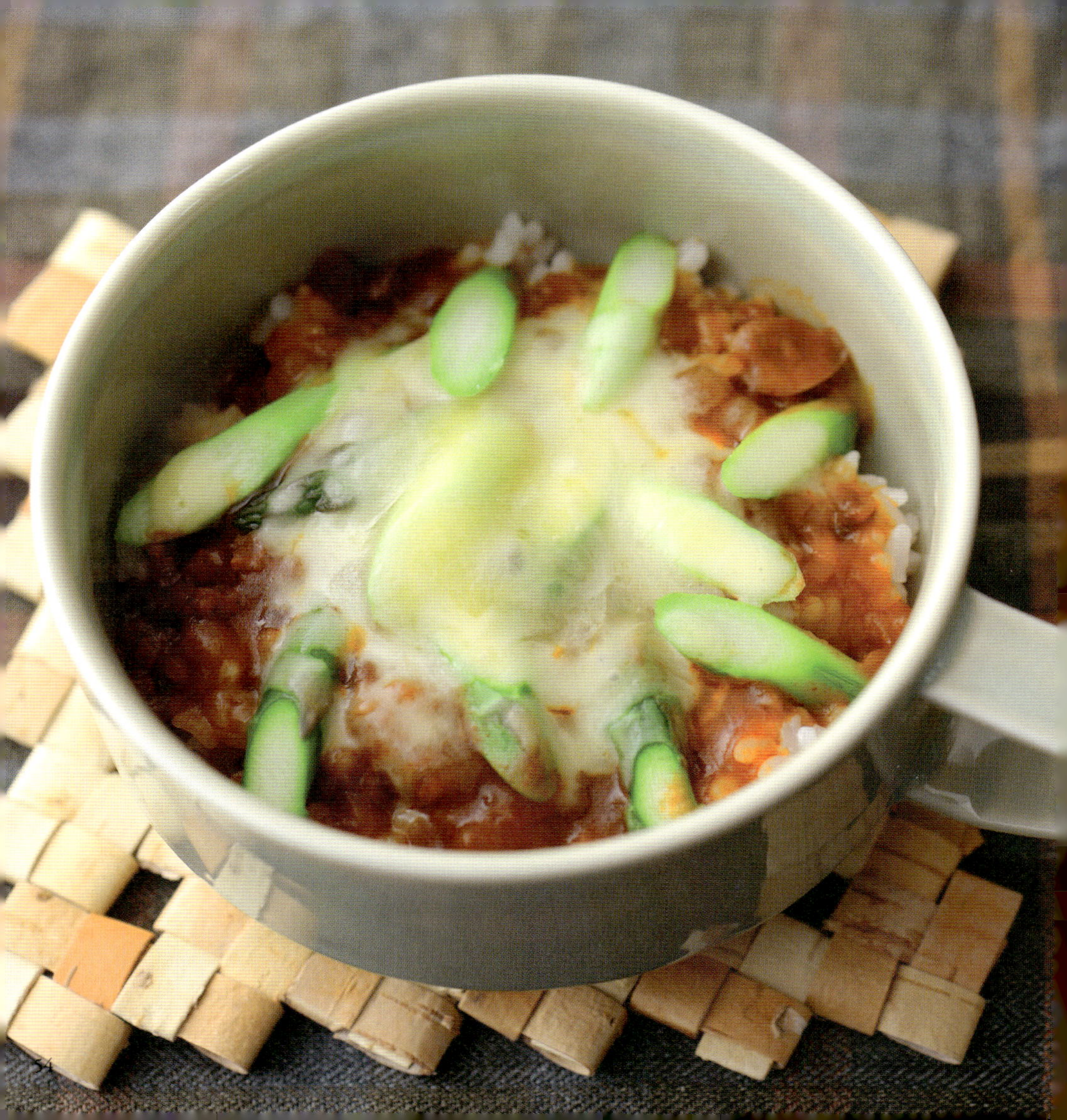

夜のマグごはん PART 3

RECIPE 25

手抜きに見えないおしゃれな一品
ミートドリア

Ingredients

(250〜300mlのマグ1個分)

グリーンアスパラガス…1本
温かいごはん…120g
ミートソース缶…60g
ピザ用チーズ…10g

How to

1 アスパラガスは根元1/3程度の皮をピーラーでむき、1cm厚さの斜め切りにする。

2 マグカップにごはん、ミートソース、1、ピザ用チーズの順にのせ、ふんわりとラップをして電子レンジ（600W）で2分加熱する。

POINT

ミートソース以外にも、レトルトのカレーやデミグラスソース、市販のパスタソースなどでもおいしくできます。

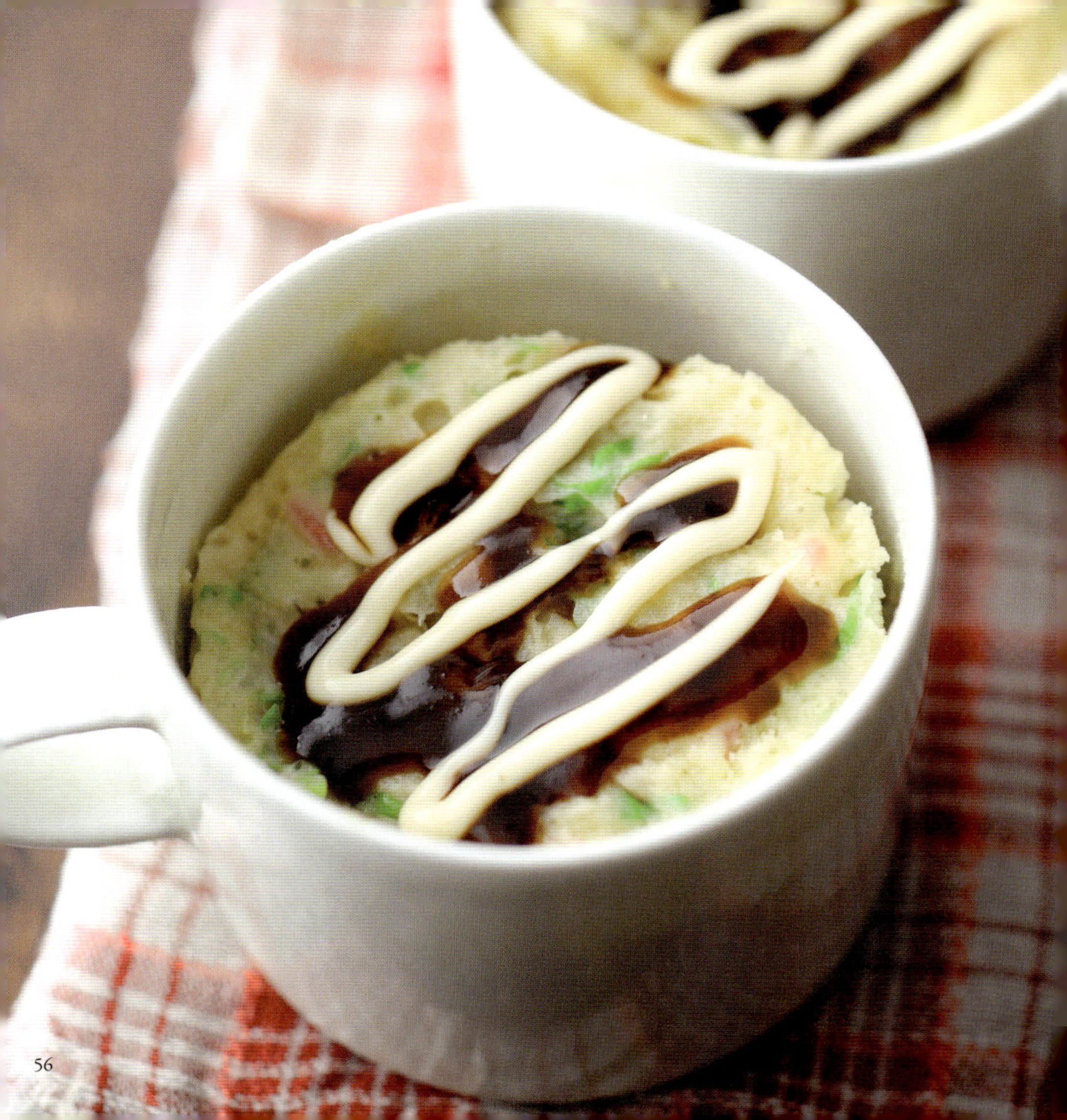

夜のマグごはん PART 3

RECIPE 26

山いもを入れてふわふわ&もっちり生地に
ふわふわお好み焼き

Ingredients
(250〜300mlのマグ1個分)

お好み焼き粉…50g
山いも…30g
キャベツ…1/2枚(30g)
紅しょうが…5g
溶き卵…1/2個分
水…60ml
好みのソース、マヨネーズ
　…好みで各適量

How to

1 山いもはすりおろす。キャベツは太めのせん切りにする。紅しょうがは粗みじん切りにする。

2 ボウルに溶き卵、水、お好み焼き粉を入れて泡立て器で混ぜ合わせ、1を加えてさっくり混ぜる。

3 マグカップに入れてふんわりとラップをし、電子レンジ(600W)で3分加熱する。

4 取り出して好みでソース、マヨネーズをかける。

POINT
冷めるとかたくなるので、できたてを食べてください。刻んだゆでたこを加えるとたこ焼き風になります。

RECIPE 27

やさしい味に、柚子こしょうのアクセント

しらすといんげんの柚子こしょうリゾット

Ingredients （250〜300mlのマグ1個分）

釜揚げしらす…大さじ2(12g)
さやいんげん…3本
温かいごはん…120g
ピザ用チーズ…10g

A 豆乳(無調整)…1/2カップ
　柚子こしょう…小さじ1/3
　しょうゆ…小さじ1/4
　塩…適量

How to

1 さやいんげんは1cm幅の小口切りにする。

2 マグカップにAを入れて混ぜ、1、しらす、温かいごはん、ピザ用チーズを入れて混ぜる。ふんわりとラップをして電子レンジ(600W)で2〜3分加熱する。

RECIPE 28

トマトジュースと早ゆでパスタで手軽に

トマトパスタ

Ingredients (250〜300mlのマグ1個分)

早ゆでショートパスタ…30g
ベーコン…1枚
クレソン…1/4束（8g）

A
- トマトジュース（食塩不使用）、水
　…各1/4カップ
- 顆粒コンソメスープの素
　…小さじ1/4
- オリーブ油…小さじ1/4
- 塩、黒こしょう…各適量

How to

1　ベーコンは1cm幅の細切りにする。クレソンはざく切りにする。

2　マグカップに A を入れて混ぜ、パスタ、ベーコンを入れてさっと混ぜる。ふんわりとラップをして電子レンジ（600W）で1分30秒〜2分加熱し、ラップを外してさらに1分加熱する。

3　取り出してクレソンを加え、さっと混ぜる。

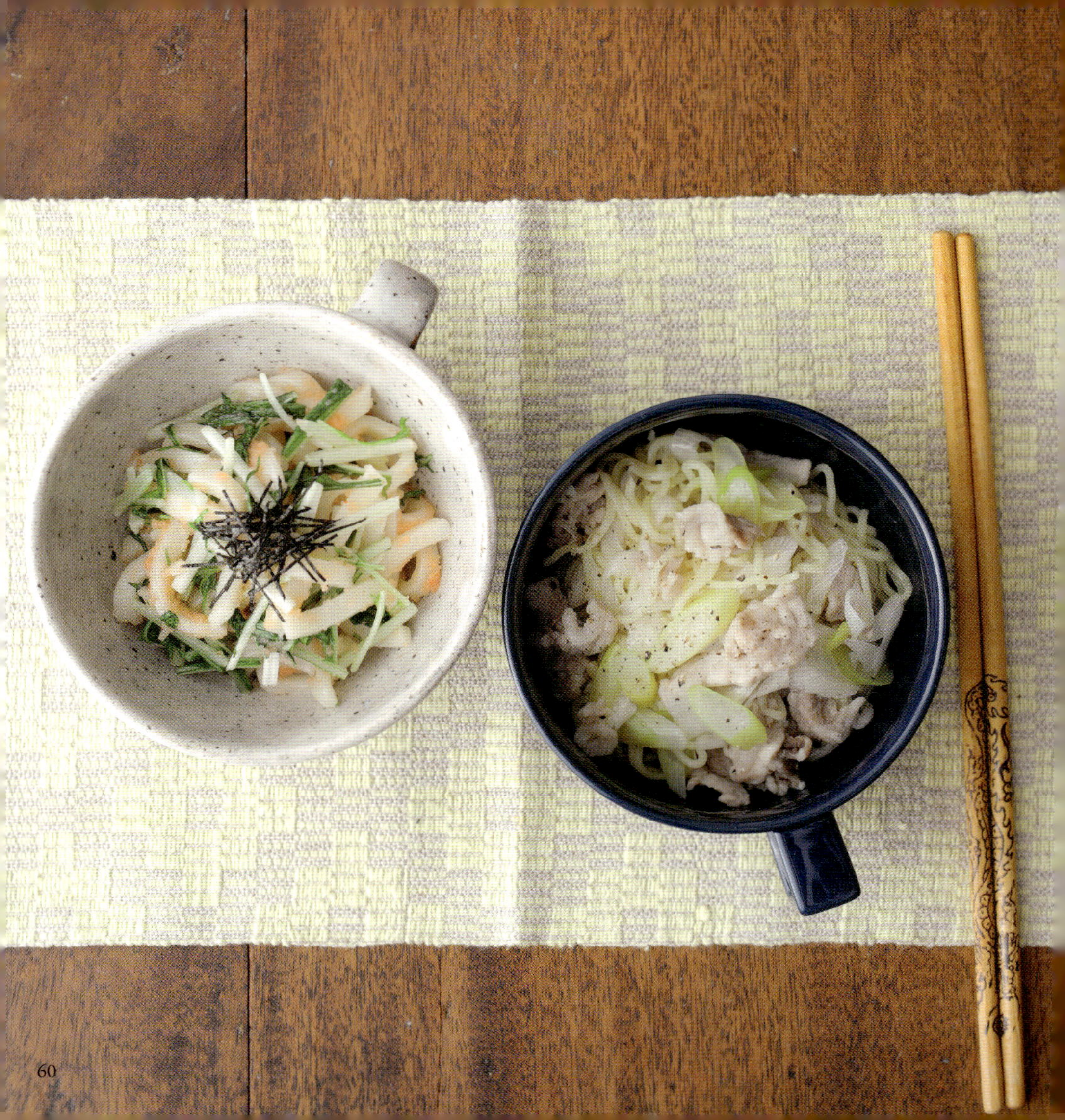

RECIPE 29 明太バターうどん
明太バターの風味とコクがうどんにからむ

Ingredients (250〜300mlのマグ1個分)

- ゆでうどん…1/2玉(100g)
- 明太子…1/4腹(12g)
- 水菜…20g
- バター…5g
- 刻みのり…適量

How to

1 水菜は3cm長さに切る。

2 マグカップにうどん、1、バターを入れてふんわりとラップをし、電子レンジ(600W)で1分加熱する。

3 取り出して明太子を入れ、全体をよく混ぜ、刻みのりをのせる。

RECIPE 30 ねぎ塩焼きそば
にんにくを効かせて食べごたえアップ

Ingredients (250〜300mlのマグ1個分)

- 中華蒸し麺(焼きそば用)…1/2玉(100g)
- 豚ロース薄切り肉…2枚(40g)
- 塩、黒こしょう…各適量
- A
  - にんにくのすりおろし…少々
  - 酒…小さじ1/2
  - ごま油…小さじ1/2
- ねぎ…1/4本(25g)
- 鶏ガラスープの素…小さじ1/4

How to

1 豚肉は一口大に切って塩、黒こしょう、Aをもみ込む。ねぎは斜め薄切りにする。

2 マグカップに麺、1を入れて鶏ガラスープの素をふり入れ、ふんわりとラップをして電子レンジ(600W)で1分30秒加熱する。

3 取り出して塩、黒こしょうをふり、全体をよく混ぜる。

マグごはんと一緒に食べたい

おにぎりバリエーション

Onigiri Variation

おかず系マグごはんにおにぎりをつければ、
それだけで満腹になる一食の完成です！
忙しい朝や小腹が空いたときにぜひ作ってみてください。

ザーサイ＋桜えび＋万能ねぎ

Ingredients
ザーサイ…小さじ1
A ┌ 桜えび…小さじ1
　│ 万能ねぎの小口切り
　│ 　…大さじ1/2
　└ ごま油…小さじ1/4
温かいごはん…80g
塩…適量

How to
1 ザーサイは粗みじん切りにする。

2 温かいごはんに1、Aを加えてさっくり混ぜる。手に塩をつけて三角に握る。

明太子＋コーン

Ingredients
明太子…大さじ1/2
コーン缶…大さじ1
バター…3g
温かいごはん…80g
塩…適量

How to
1 温かいごはんに明太子、コーン、バターを加えてさっくり混ぜる。手に塩をつけて三角に握る。

COLUMN

柴漬け+チーズ

Ingredients
柴漬け…大さじ1
プロセスチーズ…20g
白いりごま…小さじ1/2
温かいごはん…80g
塩…適量

How to
1 柴漬けは粗みじん切り、プロセスチーズは1cm角に切る。
2 温かいごはんに1、白いりごまを加えてさっくり混ぜる。手に塩をつけて三角に握る。

天かす+紅しょうが

Ingredients
天かす…大さじ1と1/2
紅しょうが…大さじ1/2
めんつゆ(2倍濃縮)
　…小さじ1
温かいごはん…80g
塩…適量

How to
1 紅しょうがは粗みじん切りにする。
2 温かいごはんに1、天かす、めんつゆを加えてさっくり混ぜる。手に塩をつけて三角に握る。

ハム+黒オリーブ+バジル

Ingredients
ハム…1枚
黒オリーブ…2個
バジル…1枚
温かいごはん…80g
塩…適量

How to
1 ハムは1cm角に切る。オリーブは粗みじん切りにする。
2 温かいごはんに1を加えてさっくり混ぜる。手に塩をつけて三角に握り、バジルを巻く。

ツナ＋セロリ

Ingredients
ツナ缶…大さじ1
セロリの粗みじん切り
　…大さじ1
セロリの葉…適量
温かいごはん…80g
塩、黒こしょう…各適量

How to
1 温かいごはんに缶汁をきった
　ツナ、セロリ、ざく切りにした
　セロリの葉を加えてさっくり
　混ぜる。手に塩をつけて三
　角に握り、黒こしょうをふる。

ちくわ＋三つ葉

Ingredients
ちくわ…1/2本
三つ葉…1本
みそ…小さじ1/4
温かいごはん…80g
塩…適量

How to
1 ちくわは5mm幅の輪切りにする。
　三つ葉は2cm長さに切る。
2 温かいごはんに1、みそを加え
　てさっくりと混ぜる。手に塩を
　つけて三角に握る。

梅＋わかめ＋わさび

Ingredients
梅干し…1/2個
わかめ（乾燥）
　…小さじ1/2
わさび…小さじ1/4
温かいごはん…80g
塩…適量

How to
1 わかめは水で戻して粗みじん
　切りにする。
2 温かいごはんに1、わさび、ち
　ぎった梅干しを加えてさっくり
　混ぜる。手に塩をつけて三角
　に握る。

じゃこ＋高菜漬け

Ingredients
ちりめんじゃこ
　…大さじ1/2
高菜漬け…大さじ1
温かいごはん…80g
塩…適量

How to
1 高菜漬けは粗みじん切りにする。
2 温かいごはんに1、じゃこを加
　えてさっくり混ぜる。手に塩を
　つけて三角に握る。

PART
4

おもてなしの
マグごはん

バーニャカウダやキッシュ、テリーヌなどの
おもてなしに最適なメニューもマグカップにおまかせ！
あと1品！ に役立つサラダやおつまみおかずも紹介します。

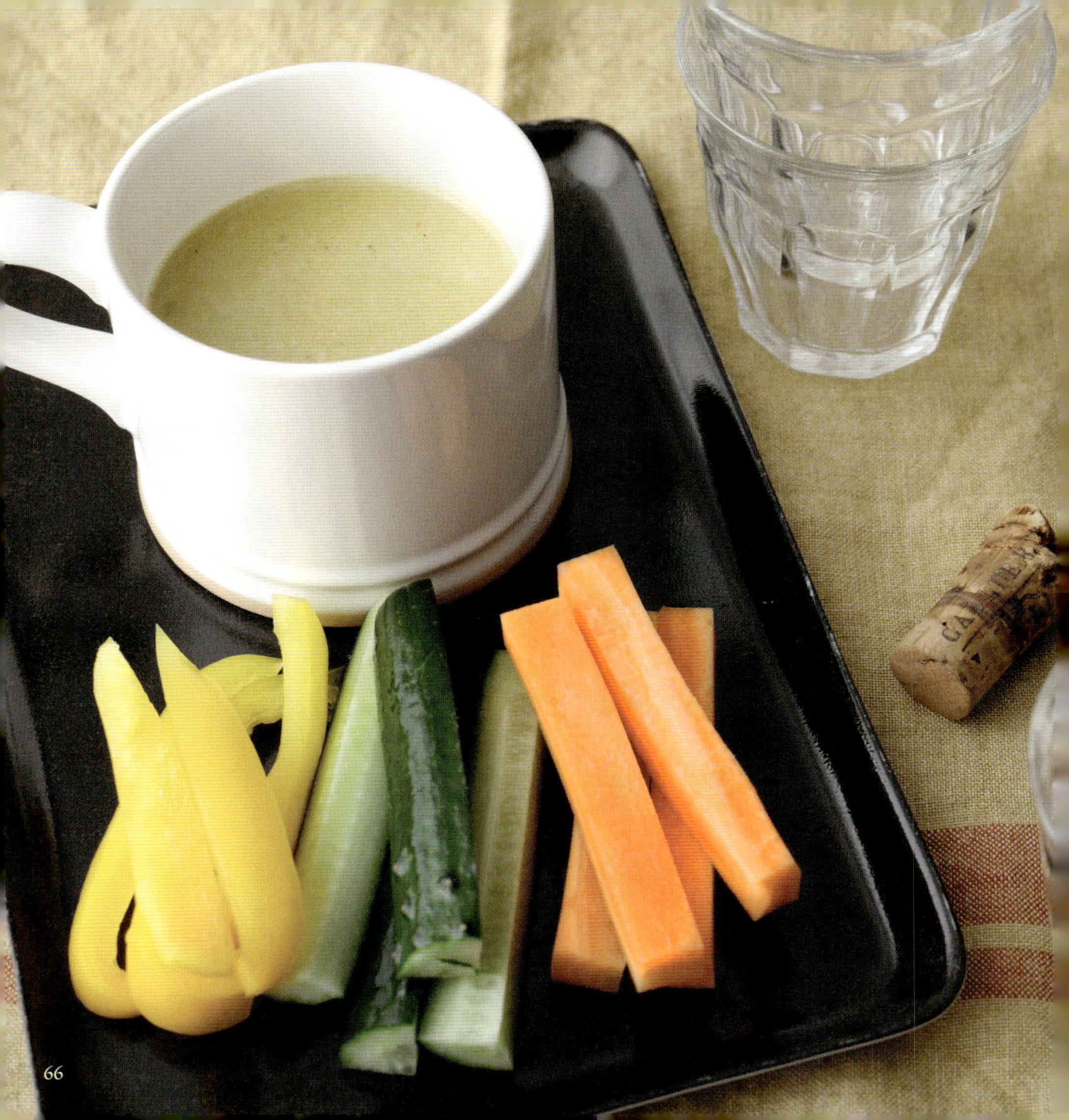

RECIPE 31 バーニャカウダ

生クリームを入れて少しマイルドに

Ingredients
（250〜300mlのマグ1個分）

A
- アンチョビ…30g
- オリーブ油、生クリーム…各1/3カップ
- 塩、黒こしょう…各適量
- にんにくのすりおろし…1かけ分

好みの野菜…適量

How to

1 アンチョビはペースト状になるまで包丁でたたく。

2 マグカップに**A**の材料を入れてふんわりとラップをし、電子レンジ（600W）で2〜3分加熱する。

3 取り出して乳化するまでしっかりと混ぜる。好みの野菜を添えてつけながら食べる。

POINT
加熱が終わったらとろっととろみがつくまでしっかりと混ぜてください。2〜3日日持ちするので、冷蔵庫で保存して野菜サラダのドレッシングにするのもおすすめです。

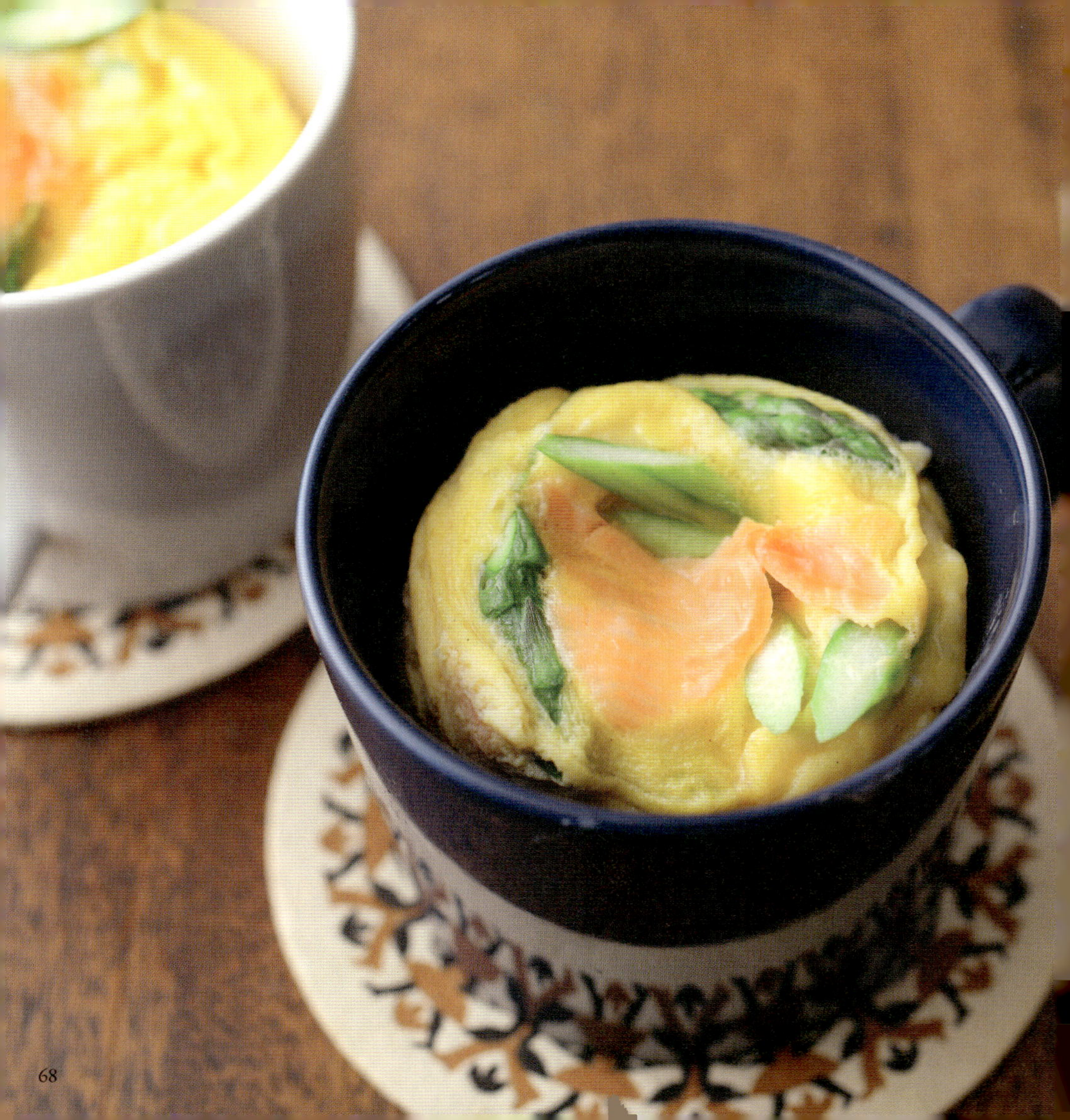

おもてなしのマグごはん PART 4

RECIPE 32

おしゃれなルックスとふわふわ卵がおもてなしに◎

スモークサーモンとアスパラのキッシュ

Ingredients

(250〜300mlのマグ1個分)

グリーンアスパラガス…1本
スモークサーモン…2枚

A ┌ 卵…2個
  │ 牛乳…大さじ2
  └ 塩、こしょう…各適量

ピザ用チーズ…10g

How to

1 アスパラガスは根元1/3程度の皮をピーラーでむき、1cm厚さの斜め切りにする。スモークサーモンは一口大にちぎる。

2 マグカップに **A** を入れてよく混ぜ、**1** とピザ用チーズを加える。ふんわりとラップをして電子レンジ (600W) で1分加熱する。

POINT

マグカップの底に食パンを入れるとパンキッシュ風になって、ボリュームがアップします。卵液にパセリのみじん切りや、好みのドライハーブを加えると香りがついておいしいです。

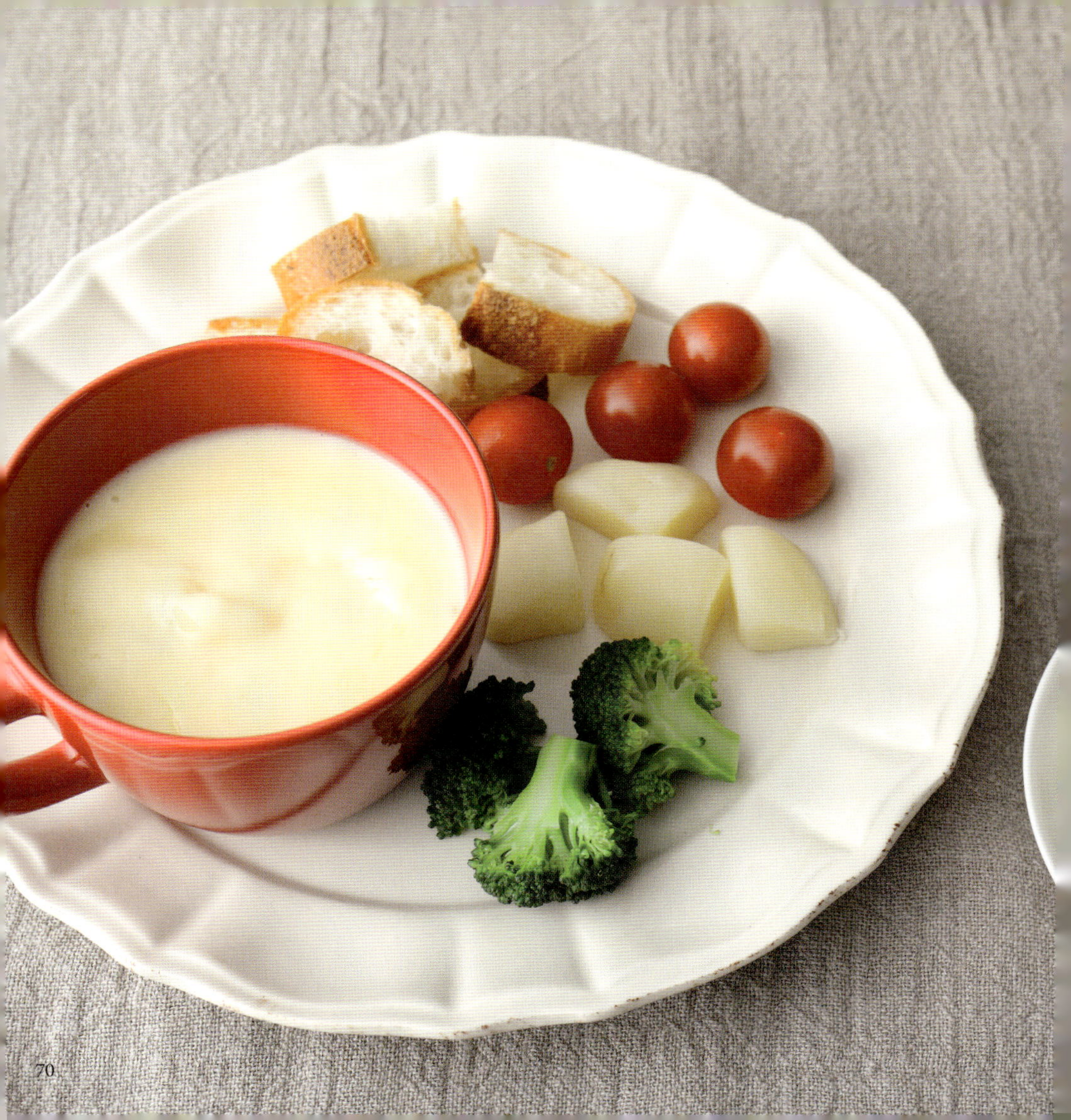

RECIPE 33 冷めてもまたチンすればOK！
チーズフォンデュ

Ingredients
（250〜300mlのマグ1個分）

牛乳…1/2カップ
片栗粉…小さじ2
ピザ用チーズ…100g
好みの野菜、パン…各適量

How to

1 マグカップに牛乳、片栗粉を入れてよく混ぜ、ピザ用チーズを入れる。ふんわりとラップをして電子レンジ(600W)で30秒加熱し、取り出してよく混ぜる。

2 再び30秒加熱し、よく混ぜる。これを1〜2回繰り返し、チーズがしっかりと溶けるまで加熱する。

3 好みの野菜、パンを添えてつけながら食べる。

POINT

つけるものはソーセジやゆでた根菜類などお好みで。チーズが溶けるまで一気に加熱すると分離してしまうので、必ず30秒くらいずつ様子を見て、そのつどしっかりと混ぜながら溶かしてください。

RECIPE 34

冷めるころには味がギュッとしみ込みます
レンジピクルス

Ingredients (250〜300mlのマグ1個分)

かぶ…小1個(50g)
きゅうり…1/2本(50g)
黄パプリカ…1/4個(35g)

A
- 水…1/4カップ
- 酢…大さじ2
- 砂糖…大さじ1
- 塩…小さじ1/4

ローリエ…1枚

How to

1. かぶは皮をむいて8等分のくし形切りにし、横半分に切る。きゅうりは1cm厚さの輪切り、パプリカは2cm角に切る。

2. マグカップに**A**を入れてよく混ぜ、**1**とローリエを入れて落としラップをし、電子レンジ(600W)で1分30秒加熱する。

3. 取り出してそのまま冷めるまで常温におく。

RECIPE 35 きのこの柚子こしょうマリネ

風味がよく、箸が止まらなくなる一品

Ingredients (250〜300mlのマグ1個分)

しめじ…1/2パック(50g)
しいたけ…2個
エリンギ…1/2パック(50g)

A
- 柚子こしょう…小さじ1/4弱
- ごま油、しょうゆ、酢…各小さじ1/2

塩…適量

How to

1. しめじは石づきを取って小房に分ける。しいたけは軸を取って薄切り、エリンギは根元を切り落として長さを半分にし、端から5mmの薄切りにする。Aは混ぜ合わせておく。

2. 1きのこをマグカップに入れてふんわりとラップをし、電子レンジ(600W)で1分30秒加熱し、水けを切る。

3. Aを加えてさっとあえ、味を見て塩で調える。

74

おもてなしのマグごはん PART 4

RECIPE 36

マグカップを型代わりにして見た目も楽しく
ゴロゴロ野菜のミートローフ

Ingredients

（250～300mlのマグ1個分）

合いびき肉…100g
にんじん…1/6本(30g)
黄パプリカ…1/8個(20g)
パン粉…大さじ3
溶き卵…1/2個分
塩…ふたつまみ
黒こしょう、ナツメグ…各適量
枝豆（さやから出す）…20g（正味）

A ┃トマトケチャップ…小さじ2
　┃粒マスタード…小さじ1/2

How to

1 にんじんは皮をむき、パプリカとともに1cm角に切る。

2 ボウルにひき肉、パン粉、溶き卵、塩、黒こしょう、ナツメグを入れて手でよくこね、1と枝豆を入れてさっとこねる。

3 マグカップに2を入れてふんわりとラップをし、電子レンジ（600W）で4～5分加熱する。

4 火が通ったら取り出し、混ぜ合わせたAを添えてつけながら食べる。

POINT

切る場合はあら熱がとれてからの方が崩れにくく、アツアツのまま切るとおいしい肉汁も流れてしまうので気をつけてください。野菜は彩りよく、アスパラガスやいんげん、うずらの卵などお好みで。

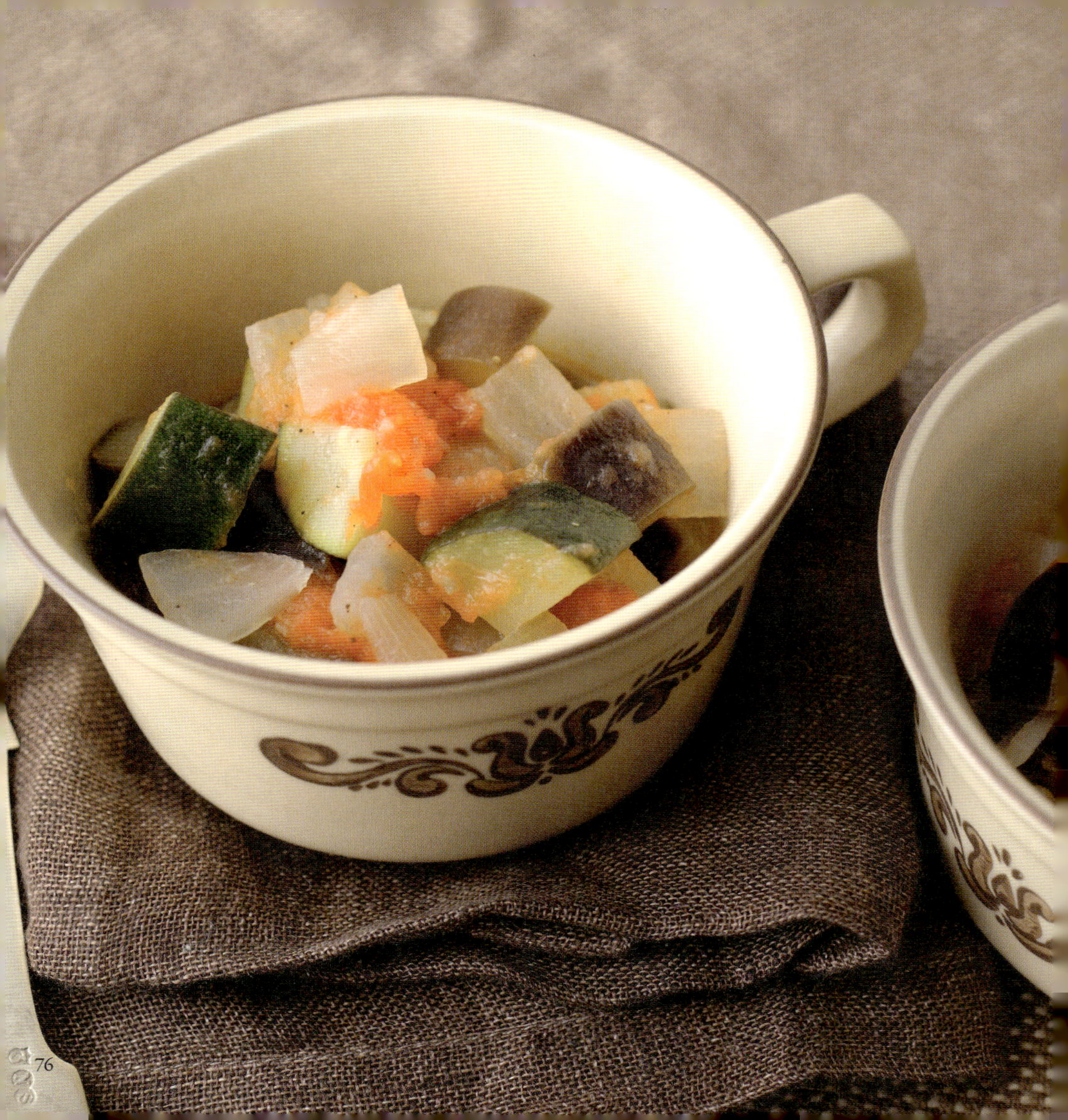

おもてなしのマグごはん

RECIPE 37

電子レンジなら短時間で味がしっかりしみ込む

ラタトゥイユ

Ingredients

(250～300mlのマグ1個分)

なす…1/2本(45g)
ズッキーニ…1/4本(25g)
玉ねぎ…1/6個(35g)
トマト…1/2個(100g)
オリーブ油…小さじ1/2
にんにくのすりおろし…少々
塩…小さじ1/4弱
黒こしょう…適量

How to

1 なす、ズッキーニは縦4等分にして1.5cm幅に切り、なすは水にさらす。玉ねぎは1.5cm角に切る。トマトはざく切りにする。

2 マグカップに全ての材料を入れてふんわりとラップをし、電子レンジ(600W)で2分加熱する。

3 ラップを外してさらに4分加熱し、取り出して全体をよく混ぜる。

POINT

ラップをして加熱すると野菜から水分がたっぷり出るので、その水分をとばすように、仕上げはラップを外して加熱してください。冷めてもおいしいので作り置きするのもおすすめです。

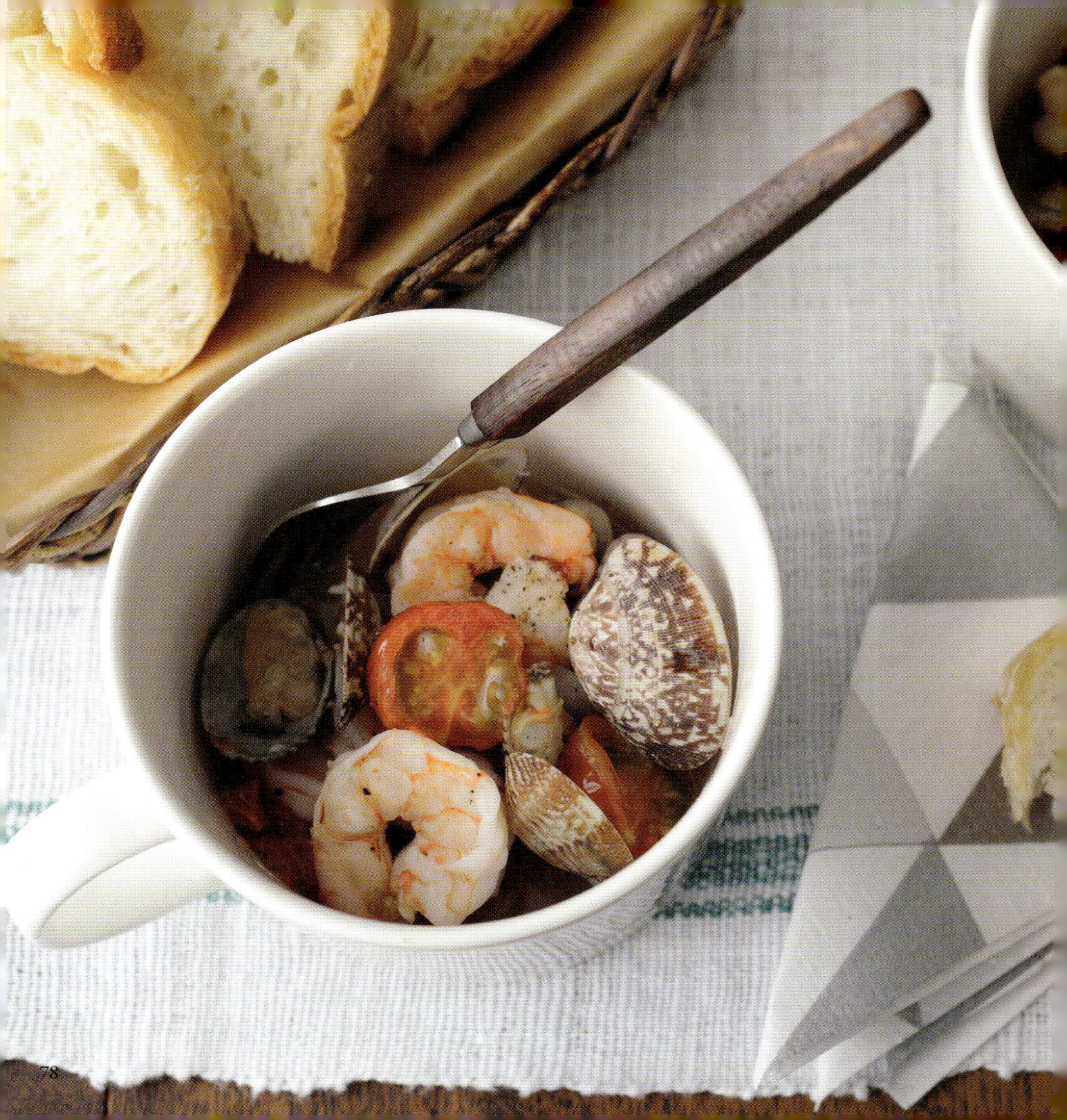

おもてなしのマグごはん PART 4

RECIPE 38

白ワインでふっくら&うまみアップ
えびとあさりのアクアパッツァ

Ingredients
(250〜300mlのマグ1個分)

殻付きえび…5尾
あさり…5個
ミニトマト…3個
にんにくのすりおろし…少々
オリーブ油、白ワイン…各小さじ1/2
塩、黒こしょう…各適量

How to

1 えびは尾を取り、殻をむいて背中に切り目を入れ、背ワタを取る。あさりは殻をこすり合わせてよく洗う。ミニトマトはヘタを取って半分に切る。

2 マグカップに全ての材料を入れてふんわりとラップをし、電子レンジ（600W）で2分加熱する。

POINT
一口大に切った鮭や白身魚などでもおいしいです。うまみたっぷりのスープもおいしいので、ぜひパンを添えて浸して食べてください。

RECIPE 39

セロリとナッツの食感がアクセントに

かぼちゃとヨーグルトのサラダ

Ingredients (250〜300mlのマグ1個分)

かぼちゃ…100g
セロリのみじん切り…大さじ2 (20g)
ミックスナッツ…大さじ1/2 (5g)

A ┌ プレーンヨーグルト、マヨネーズ
  │   …各大さじ1/2
  └ 黒こしょう…適量

How to

1 かぼちゃはワタを取って一口大に切る。ミックスナッツは粗く刻む。

2 マグカップにかぼちゃを入れてふんわりとラップをし、電子レンジ(600W)で2分加熱する。

3 取り出してフォークなどでつぶし、セロリ、ナッツ、Aを加えて混ぜる。

おもてなしのマグごはん PART 4

RECIPE 40

ベーコンのうまみと玉ねぎの甘みがマッチ
玉ねぎのベーコン巻きレンジ蒸し

Ingredients (250〜300mlのマグ1個分)

玉ねぎ…1/4個(50g)
ベーコン…1と1/2枚
塩、黒こしょう…各適量
粒マスタード…適量

How to

1 玉ねぎは芯をつけたまま3等分のくし形切りにする。ベーコンは1枚を半分に切る。

2 玉ねぎに塩、黒こしょうをふってベーコンを巻き、爪楊枝で刺す。

3 マグカップに入れてふんわりとラップをし、電子レンジ(600W)で2分30秒加熱する。

4 取り出して粒マスタードを添え、つけながら食べる。

82

おもてなしのマグごはん PART 4

RECIPE 41

テリーヌ型がなくてもマグカップで十分おしゃれ

テリーヌ

Ingredients

(250 〜 300mℓのマグ1個分)

ハム…2枚
グリーンアスパラガス…2本
ヤングコーン (水煮)…3本
粉ゼラチン…3g

A
水…1/2カップ
顆粒コンソメスープの素
　…小さじ1/3 (2g)
塩…ひとつまみ

How to

1. ハムは1.5cm角、アスパラガスは根元1/3程度の皮をむいて1cm長さの輪切りにする。ヤングコーンも1cm長さの輪切りにする。

2. マグカップにアスパラガス、Aを入れて混ぜ、ふんわりとラップをして電子レンジ(600W)で1分30秒加熱する。

3. 80度以上になったら取り出し、ゼラチンを加えて混ぜながらしっかりと溶かし、ハム、ヤングコーンを加え入れる。

4. 氷水につけてとろみが出るまで冷やし、冷蔵庫で2〜3時間冷やし固める。

POINT

カップから出すときは、お湯にカップを1〜2秒さっとつけてお皿にのせ、逆さまにして大きくふるようにするとすぽっとはずれます。長くつけすぎるとゼラチンが溶けるので気をつけてください。

RECIPE 42

好みでパクチーの量を増やすのもおすすめ
エスニックそぼろ混ぜごはん

Ingredients (250〜300mlのマグ1個分)

紫玉ねぎ…10g
パクチー、レモン…各適量

A ┃ 豚ひき肉…30g
　┃ スイートチリソース、ナンプラー
　┃ …各小さじ1

温かいごはん…120g

How to

1 紫玉ねぎは薄切りにして水にさらす。パクチーはざく切りにする。

2 マグカップにAを入れて菜箸などでさっくりと混ぜ、ラップをしないで電子レンジ（600W）で1分30秒加熱する。

3 取り出してごはん、玉ねぎを加えて混ぜ、パクチー、レモンをのせる。レモンを搾って食べる。

PART 5

マグおやつ

マフィンやケーキ、プリンなどの定番おやつも
マグカップで作れば型いらず！
ホットケーキミックスを使ったレシピもあるので
おやつ作りが苦手な方でも簡単に作れます。

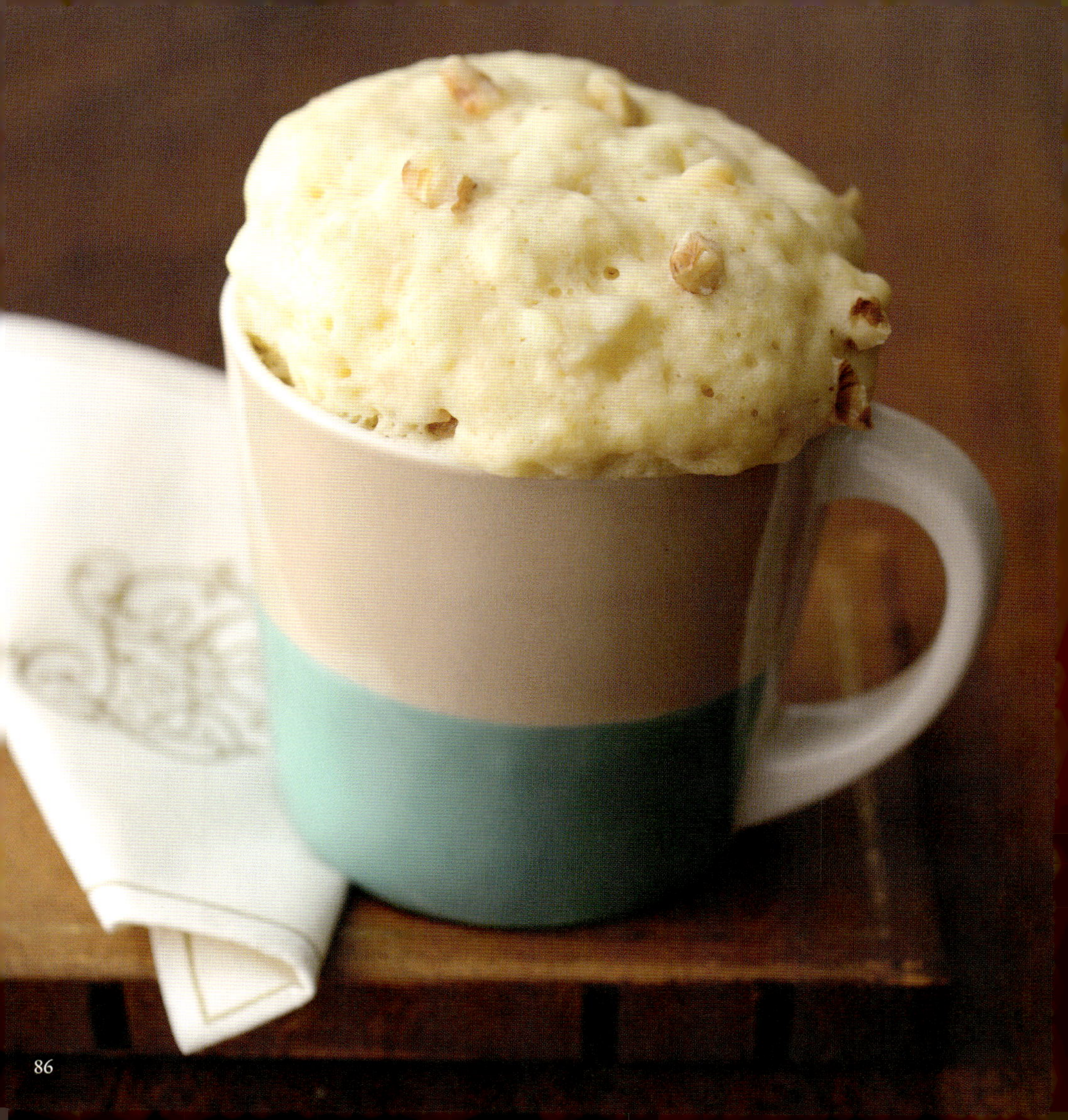

RECIPE 43 くるみとバナナのマフィン

粉類をホットケーキミックスにしてもOK

Ingredients
（250～300mlのマグ1個分）

くるみ…10g
バナナ…1/3本（30g）
バター（食塩不使用）…10g

A ┌ 薄力粉…50g
　 └ ベーキングパウダー…小さじ1/2

卵…1/2個分
砂糖…大さじ2

How to

1. バターは溶かしておく。Aは合わせてふるっておく。バナナは1cm厚さの輪切りにする。くるみは粗く刻んでおく。

2. マグカップに卵、砂糖を入れてスプーンで混ぜ、Aを入れてさっくり混ぜる。粉気がなくなったらバナナ、バターを入れてつぶしながら混ぜ、くるみを加えて混ぜる。

3. ラップをかけずに電子レンジ（600W）で2分加熱する。

POINT
練り混ぜてしまうとふんわり仕上がらないので、さっくりと混ぜるようにしてください。チョコチップをまぜてもおいしいです。

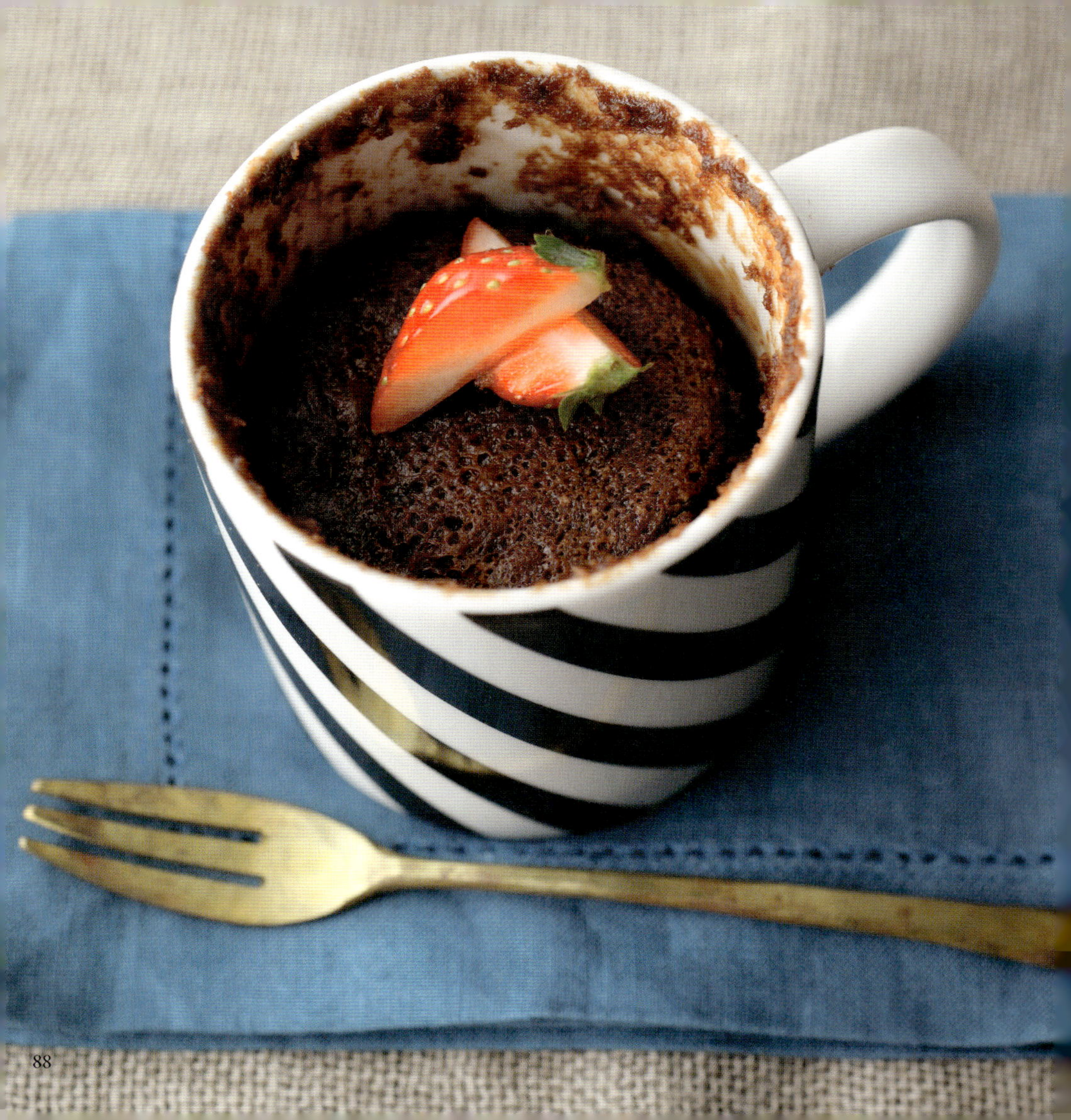

電子レンジ加熱1分30秒なのに本格的！
チョコケーキ

RECIPE 44

Ingredients

（250〜300mlのマグ1個分）

板チョコレート…1枚(50g)
牛乳…大さじ2
卵黄…1個分
ホットケーキミックス…大さじ1

How to

1 マグカップに板チョコを割り入れ、牛乳を入れてふんわりとラップをし、電子レンジ(600W)で30秒加熱する。溶けたらスプーンでしっかりと混ぜ、卵黄を入れてよく混ぜ、ホットケーキミックスを加えてさらに混ぜる。

2 ふんわりとラップをして電子レンジ(600W)で1分30秒加熱する。好みでいちご（分量外）をのせる。

POINT

ラップをしないと表面が乾燥して固くなってしまうので、必ずラップをして加熱してください。余った卵白はスープに加えて無駄なく食べましょう♪

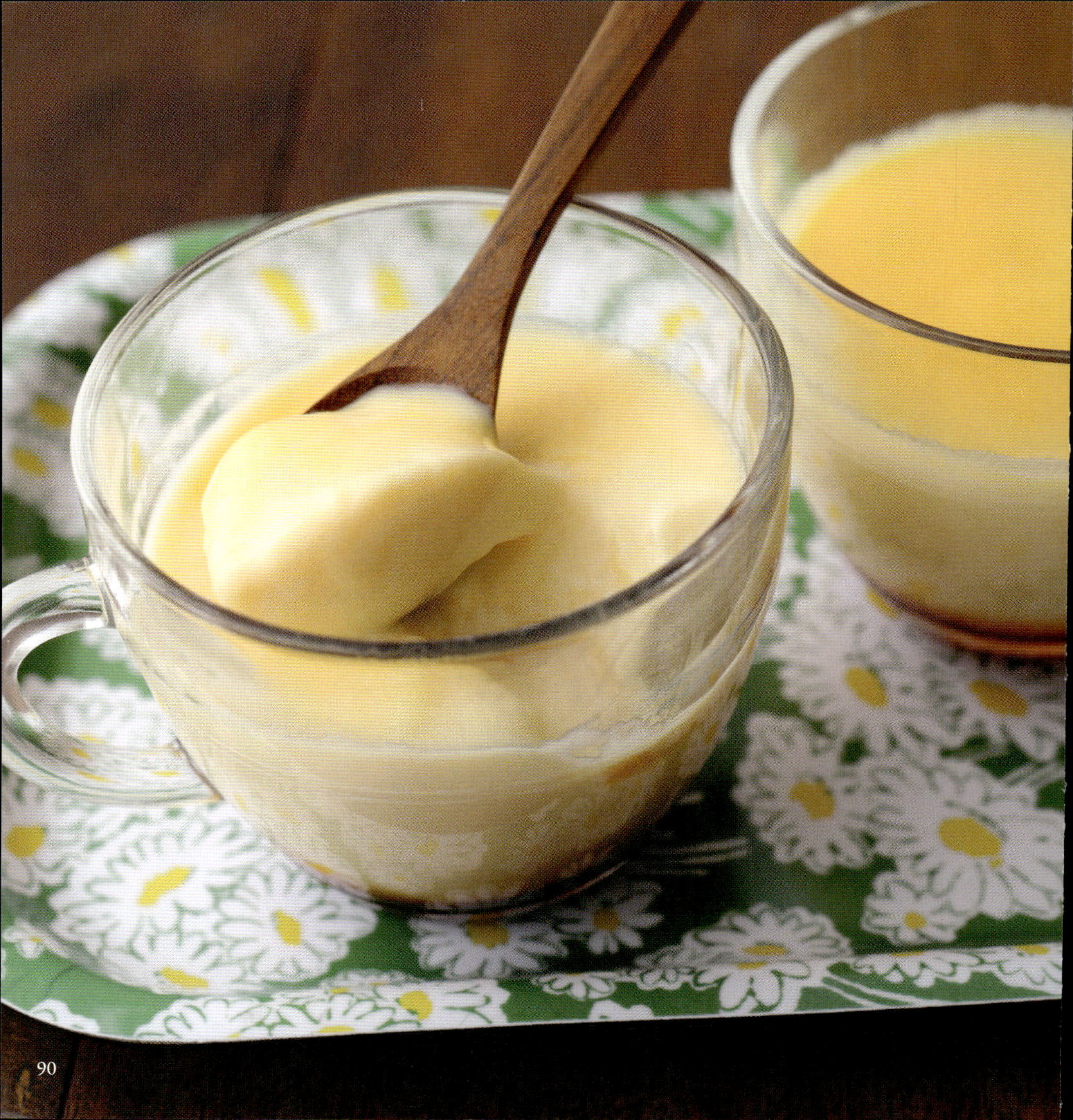

RECIPE 45

なめらかプリンにほろ苦なカラメルがおいしい

プリン

Ingredients

(250〜300mlのマグ1個分)

A ┌ 砂糖…大さじ1
  └ 水…小さじ1/2

卵…1個
砂糖…大さじ2
牛乳…120ml

How to

1 マグカップに **A** を入れてラップをしないで2分加熱する。カラメル色になったら水小さじ1/2(分量外)を加えて混ぜ、そのままかためる。

2 ボウルに卵、砂糖、牛乳を入れて菜箸でよく混ぜ、ざるなどでこしながら **1** に加える。ラップをしないで電子レンジ(200W)で5〜6分加熱する。

POINT

加熱したカラメルに水を加えるときはすごくはねるので注意してください。加熱しすぎるとスが入って舌触りが悪くなります。中心付近が少し生っぽいかなと思っても、余熱でかたまります。

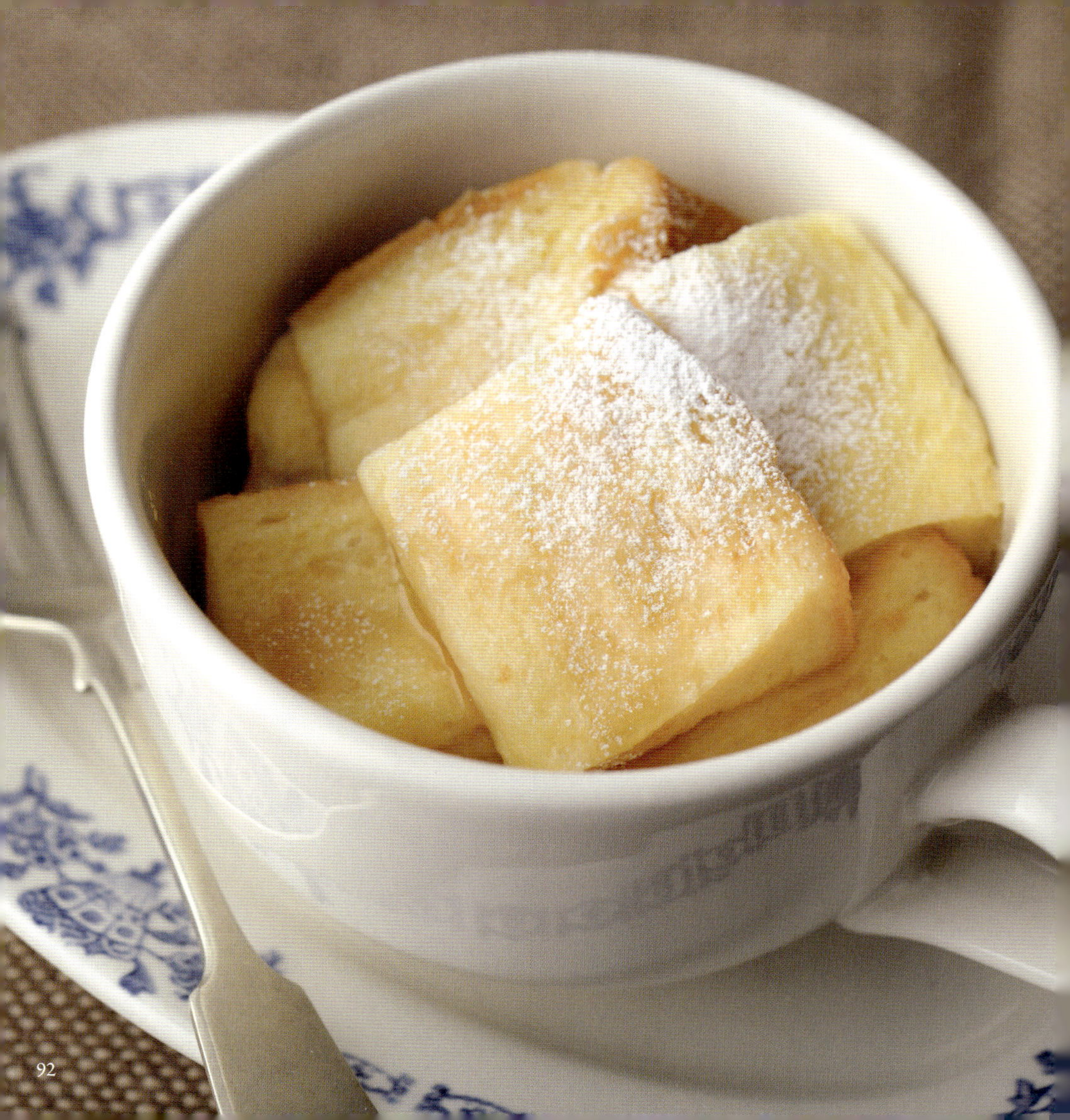

マグおやつ PART 5

RECIPE 46

電子レンジならしみ込ませる時間も短縮！
フレンチトースト

Ingredients

（250〜300mlのマグ1個分）

食パン（6枚切り）…1枚

A ┃ 卵…1個
　 ┃ 牛乳…1/2カップ
　 ┃ 砂糖…大さじ1

メープルシロップ、粉糖…各適量

How to

1 食パンは一口大に切る。

2 マグカップにAを入れて菜箸でよく混ぜ、1を入れてしみ込ませる。

3 ふんわりとラップをして電子レンジ（600W）で1分30秒〜2分加熱する。

4 取り出してメープルシロップをかけ、粉糖をふる。

POINT

レーズンパンやバゲットでも作ることができます。好みのフルーツをのせて豪華に仕上げるのもおすすめです。

94

RECIPE 47 ココア汁粉

あずきとチョコは好相性！

Ingredients
（250〜300mlのマグ1個分）

牛乳…1/2カップ
ミルクココア…大さじ1/2
ゆであずき（加糖）…80g
切り餅…1個

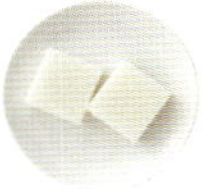

How to

1 マグカップに牛乳、ココア、あずきを入れてスプーンでよく混ぜ、半分に切った餅を入れる。ふんわりをラップをして電子レンジ(600W)で4〜5分加熱する。

RECIPE 48 きな粉ミルク餅

片栗粉、牛乳、砂糖だけでモチモチ餅の完成！

Ingredients
（250〜300mlのマグ1個分）

A 片栗粉…大さじ1と1/2
　 牛乳…1/2カップ
　 砂糖…小さじ2

黒みつ、きな粉…各適量

How to

1 マグカップにAを入れてよく混ぜ、ラップをしないで電子レンジ(600W)で30秒加熱する。

2 取り出してスプーンなどでよく混ぜ、さらに20秒加熱する。これを1〜2回繰り返し、しっかり熱が入ったら黒みつ、きな粉をかける。

mug

...ing-vessel, usu. cylindrical with a handle
...contents. 2 slang gullible person.
...(-gg-) attack and rob, esp. in public.

PART 5 マグおやつ

RECIPE 49

身近な材料だから思い立ったらすぐに作れる

いちごジャム蒸しパン

Ingredients
（250〜300mlのマグ1個分）

ホットケーキミックス…40g
卵…1/2個分
牛乳…大さじ2
サラダ油…大さじ1/2
いちごジャム…大さじ1

How to

1 マグカップに卵、牛乳、サラダ油を入れて菜箸でよく混ぜ、ホットケーキミックスを加えて混ぜる。いちごジャムを加えてスプーンで1〜2回混ぜてマーブル状にする。

2 ラップをしないで電子レンジ（600W）で3分加熱する。

POINT

ジャムは、混ぜすぎるとマーブル模様が消えてしまうので、生地にポンポンッと落とした後は、菜箸で1〜2回ぐるっと混ぜるだけでOKです。

98

ふわっとした食感で舌ざわりもなめらか
マシュマロヨーグルトムース

RECIPE 50

Ingredients

(250 〜 300mlのマグ1個分)

マシュマロ…30g
プレーンヨーグルト…大さじ3
牛乳…大さじ3
マシュマロ(飾り用)、ミント…各適量

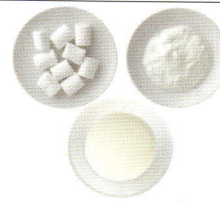

How to

1 マグカップにマシュマロ、ヨーグルトを入れてラップをしないで50秒〜1分加熱する。

2 溶けたらスプーンでよく混ぜ、牛乳を加えてさらによく混ぜる。

3 冷蔵庫で2〜3時間冷やし固める。半分に切ったマシュマロ、ミントを飾る。

POINT

マシュマロに含まれているゼラチンでかためるので、マシュマロが溶けきっていないと分離したり、かたまらなくなります。しっかりと溶けたことを確認してください。

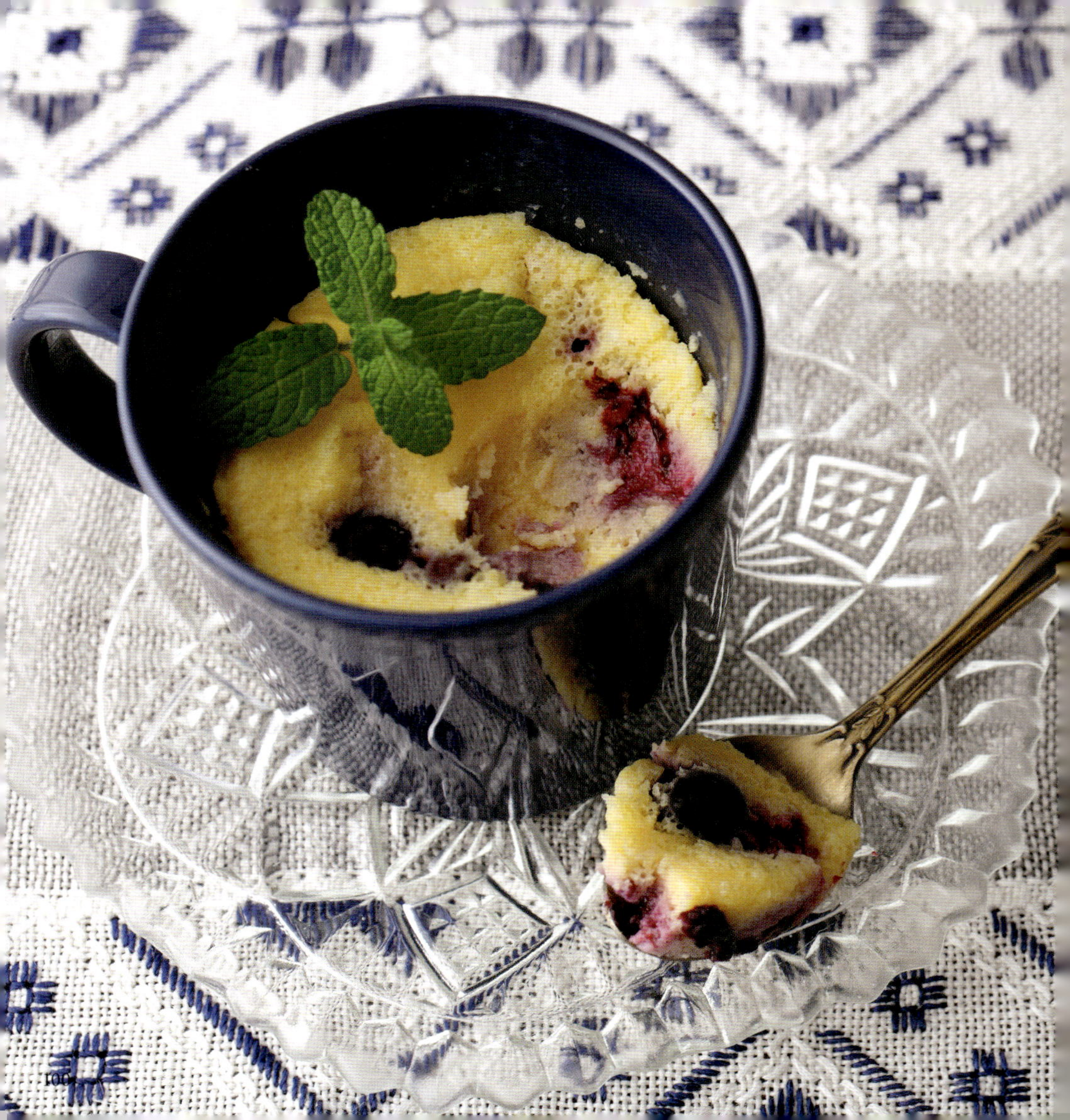

マグおやつ PART 5

RECIPE 51

さわやかさが口いっぱいに広がる

ブルーベリーとヨーグルトのチーズケーキ

Ingredients

(250〜300mlのマグ1個分)

ブルーベリー…10g
クリームチーズ…60g
卵…1個

A
- 砂糖…大さじ2と1/2
- プレーンヨーグルト…大さじ1
- レモン汁…大さじ1/2

薄力粉…大さじ1
ミント…少々

How to

1 マグカップにクリームチーズを入れてふんわりとラップをし、電子レンジ（600W）で10〜20秒加熱する。やわらかくなったら卵を加えてスプーンで混ぜ、A を加えてさらに混ぜる。

2 薄力粉をふるい入れて混ぜ、ブルーベリーをのせる。ラップをしないで電子レンジ（600W）で3分30秒加熱する。

3 粗熱がとれたら冷蔵庫で冷やし、ミントを飾る。

POINT

アツアツのまま食べるとスフレ風で、冷めるとしっとりチーズケーキになります！　フルーツを入れずに、少し水でのばしたジャムを添えたり、水切りしたヨーグルトをのせてもおいしいです。

RECIPE 52

好きなフルーツでアレンジするのもおすすめ

フルーツコンポート

Ingredients (250〜300mlのマグ1個分)

オレンジ、キウイ…各1/2個
いちご…2個

A ┃ はちみつ…小さじ2
　┃ レモン汁、白ワイン…各小さじ1

How to

1 オレンジは皮をむいて身を取り出す。キウイはくし形切り、いちごはヘタを取って半分に切る。

2 マグカップに1、Aを入れてスプーンなどでさっと混ぜ、ラップをしないで電子レンジ(600W)で1分加熱する。

3 取り出して全体を混ぜて粗熱をとり、冷蔵庫で2時間ほど冷やす。

MUG-GOHAN RECIPE 53

バニラアイスで簡単&丸めて焼く手間もなし！

バニラアイススイートポテト

Ingredients (250〜300mlのマグ1個分)

さつまいも…80g（正味）

A ┌ バニラアイス…30g
  │ 砂糖…小さじ1
  └ レーズン…大さじ1/2

シナモンパウダー…適量

How to

1 さつまいもは皮をむいて一口大に切り、水にさらす。

2 マグカップに1を入れてふんわりとラップをし、電子レンジ（600W）で2分加熱する。

3 取り出してフォークでなめらかにつぶし、Aを加えて混ぜ、シナモンパウダーをふる。

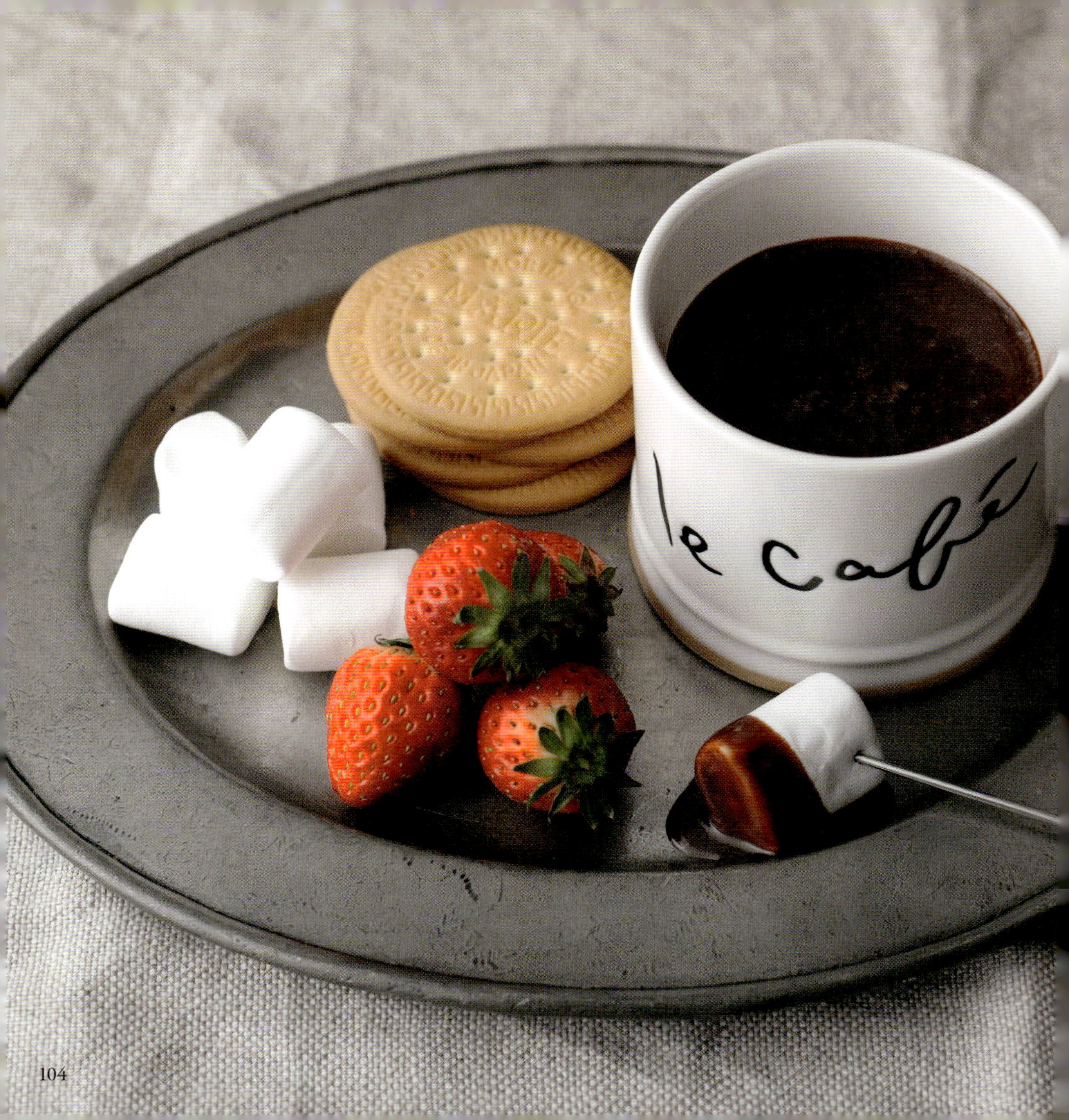
le café

RECIPE 54 板チョコフォンデュ

おもてなしのデザートに出せば盛り上がる

Ingredients
(250〜300mlのマグ1個分)

板チョコレート…1枚(50g)
牛乳…大さじ1と1/2
ビスケット、マシュマロ、くだもの
　…好みのもの各適量

How to

1 マグカップに板チョコを割り入れ、牛乳を入れる。ふんわりとラップをして電子レンジ(600W)で30〜40秒加熱する。

2 溶けたらスプーンなどでよく混ぜ、好みのビスケット、マシュマロ、くだものなどを添えてつけながら食べる。

POINT

電子レンジにかけ過ぎるとチョコが焦げてしまうので様子を見て加熱してください。定番のバナナや、酸味のあるキウイなどをつけてもおいしいです。

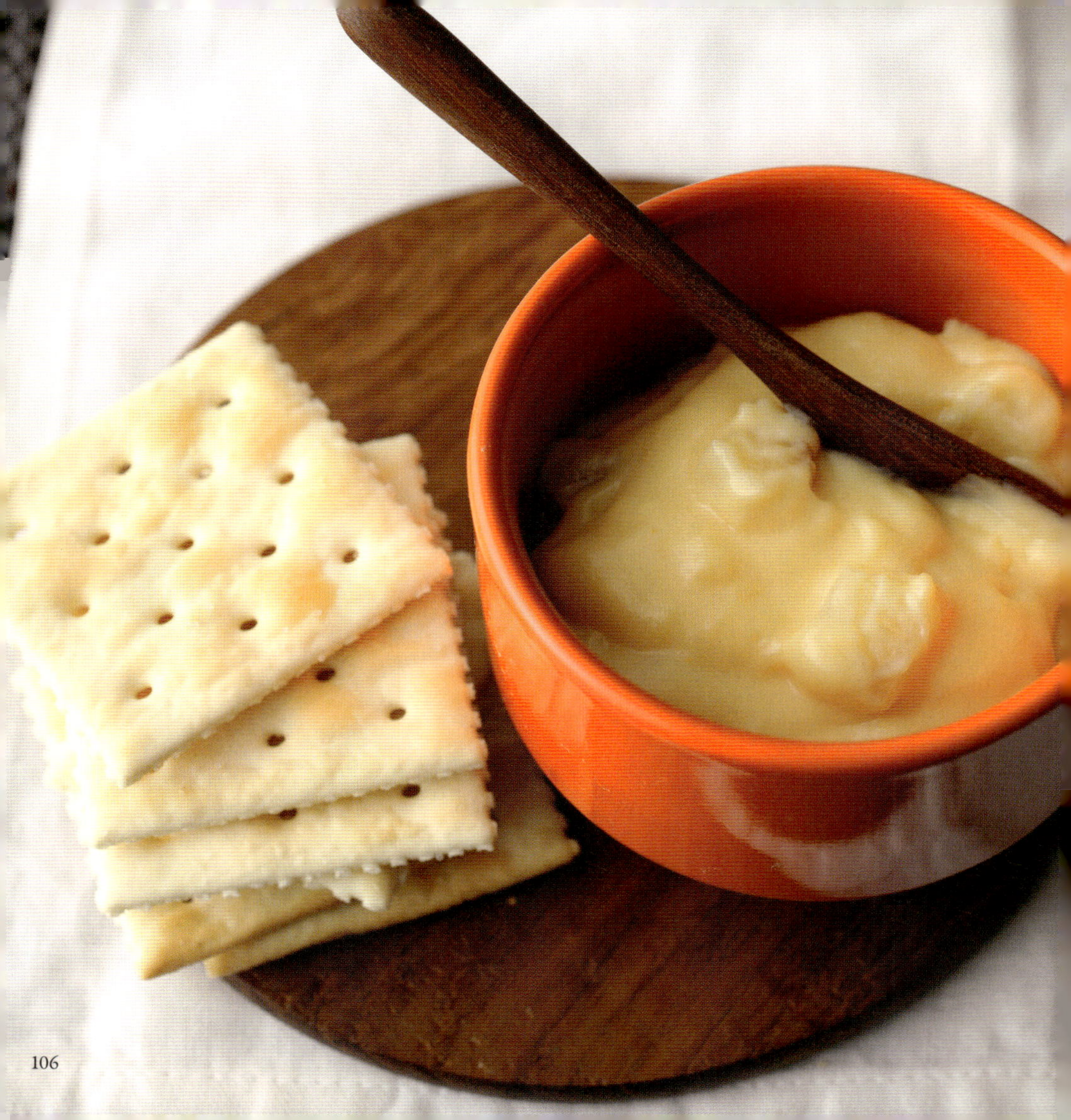

マグおやつ PART 5

RECIPE 55
りんごの酸味と食感がほどよいアクセントに
アップルカスタードディップ

Ingredients
(250〜300mlのマグ1個分)

りんご…30g
バター(食塩不使用)…5g
卵黄…1個分
砂糖…大さじ2
薄力粉…10g
牛乳…1/2カップ
クラッカー…適量

How to

1 りんごは皮付きのまま1cm角に切り、マグカップに入れる。バターを入れてふんわりとラップをし、電子レンジ(600W)で30秒加熱する。

2 ボウルに卵黄、砂糖を入れて泡立て器でよくすり混ぜ、ふるった薄力粉を加えて混ぜる。牛乳を加えて混ぜ、ざるなどでこしながら1のマグカップに入れる。

3 ふんわりとラップをして電子レンジ(600W)で1分加熱し、取り出してスプーンで混ぜる。もう30秒加熱して混ぜ、これをもう一度繰り返す。

4 クラッカーを添えて、つけながら食べる。

POINT
全体がフツフツッとし、粉にしっかりと火が入るまで加熱してください。パンにのせてカスタードトーストにするのもおすすめです。

ラッピング講座

マグおやつ / Wrapping design

マフィンやケーキなどのマグおやつは、
お気に入りのマグで作ってプレゼントしても喜ばれるので、
マグを見せながらかわいくラッピングする方法を紹介します。

Ingredients （250～300mlのマグ1個分）

透明OPP袋 150×230mm…1枚
好みのひもやリボン…適量
好みのタグ…1個

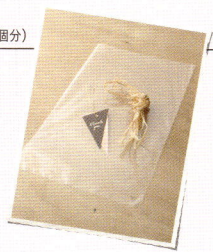

How to

1 袋にマグおやつをまっすぐになるように入れる。

2 袋の口をじゃばらに折って好みのひもで結ぶ。

3 タグ（あればチャームなどもおすすめ）をつける。

マグおやつ PART 5

POINT
底の三角に飛び出している部分は内側に折込み、セロハンテープで止める(マグの底に張り付けるイメージ)。

109

MUG-GOHAN 素材別 Index

肉類・肉加工品

●鶏肉
鶏肉とじゃがいものトマト煮 ………… 36
照り焼きチキン ………… 40

●豚肉
豚キムチ ………… 42
蒸ししゃぶ ………… 43

●ひき肉
キーマカレー ………… 38
ピリ辛春雨ヌードル ………… 50
かぶの肉詰め蒸し ………… 52
ゴロゴロ野菜のミートローフ ………… 74

●ウインナーソーセージ
パングラタン ………… 18
ソーセージとキャベツのスープ ………… 20

●ハム
トマトハムエッグ ………… 24
白菜とハムのコーンクリーム煮 ………… 31
テリーヌ ………… 82

●ベーコン
小松菜とベーコンのカレースープ ………… 22
玉ねぎのベーコン巻きレンジ蒸し ………… 81

魚介類・海藻類（加工品含む）

●えび
えびチリ ………… 48
えびとあさりのアクアパッツァ ………… 78

●桜えび
注ぐだけ中華スープ ………… 32

●あさり
えびとあさりのアクアパッツァ ………… 78

●ちりめんじゃこ・しらす
レタスとじゃこのチャーハン ………… 28
しらすといんげんの柚子こしょうリゾット ………… 58

●アンチョビ
バーニャカウダ ………… 66

●鮭（フレーク含む）
鮭とたくあんのお茶漬け ………… 34
スモークサーモンとアスパラのキッシュ ………… 68

●さば缶
さばのみそ煮缶ときのこのみそ汁 ………… 23

●ツナ缶
トマトジュースとツナのリゾット ………… 26

●わかめ
注ぐだけごまみそ汁 ………… 32

野菜類（加工品含む）

●かぶ
かぶの肉詰め蒸し ………… 52
レンジピクルス ………… 72

●トマト（ミニトマト含む）
トマトハムエッグ ………… 24
ラタトゥイユ ………… 76
えびとあさりのアクアパッツァ ………… 78

●かぼちゃ
かぼちゃとヨーグルトのサラダ ………… 80

●にんじん
蒸ししゃぶ ………… 43
ゴロゴロ野菜のミートローフ ………… 74

- **小松菜**
  - 小松菜とベーコンのカレースープ ……… 22
- **さつまいも**
  - さつまいもの豆乳ポタージュ…………… 30
- **じゃがいも**
  - 鶏肉とじゃがいものトマト煮 …………… 36
  - じゃがいもとブロッコリーのポテトサラダ ‥ 46
- **なす**
  - ラタトゥイユ……………………………… 76
- **ヤングコーン**
  - テリーヌ ………………………………… 82
- **ブロッコリー**
  - じゃがいもとブロッコリーのポテトサラダ ‥ 46
- **レタス**
  - レタスとじゃこのチャーハン …………… 28
  - 注ぐだけ中華スープ……………………… 32
- **玉ねぎ**
  - 玉ねぎのベーコン巻きレンジ蒸し……… 81
- **白菜**
  - 白菜とハムのコーンクリーム煮………… 31
- **ピーマン**
  - 豚キムチ………………………………… 42
- **水菜**
  - 注ぐだけごまみそ汁……………………… 32
- **パプリカ**
  - レンジピクルス…………………………… 72
  - ゴロゴロ野菜のミートローフ…………… 74
- **グリーンアスパラガス**
  - ミートドリア……………………………… 54
  - スモークサーモンとアスパラのキッシュ ‥ 68
  - テリーヌ ………………………………… 82
- **アボカド**
  - パングラタン……………………………… 18
- **キャベツ**
  - ソーセージとキャベツのスープ………… 20
- **きゅうり**
  - レンジピクルス…………………………… 72
- **ズッキーニ**
  - 蒸ししゃぶ ……………………………… 43
  - ラタトゥイユ……………………………… 76

きのこ類
- 小松菜とベーコンのカレースープ ……… 22
- さばのみそ煮缶ときのこのみそ汁……… 23
- きのこの柚子こしょうマリネ ………… 73

卵・豆腐
- **卵**
  - ふわふわオムレツ………………………… 16
  - トマトハムエッグ………………………… 24
  - 茶碗蒸し ………………………………… 44
  - スモークサーモンとアスパラのキッシュ ‥ 68
- **豆腐**
  - 豆乳温やっこ……………………………… 51

ごはん・パン・麺
- **ごはん**
  - トマトジュースとツナのリゾット……… 26
  - レタスとじゃこのチャーハン …………… 28
  - 鮭とたくあんのお茶漬け ……………… 34
  - ミートドリア……………………………… 54
  - しらすといんげんの柚子こしょうリゾット ‥ 58
  - エスニックそぼろ混ぜごはん…………… 84
- **食パン**
  - パングラタン……………………………… 18
- **麺**
  - トマトパスタ……………………………… 59
  - 明太バターうどん………………………… 60
  - ねぎ塩焼きそば………………………… 60

その他
- **お好み焼き粉**
  - ふわふわお好み焼き……………………… 56
- **春雨**
  - ピリ辛春雨ヌードル……………………… 50

[著者]
新谷友里江
Yurie Niiya

フードコーディネーター、管理栄養士。雑誌、書籍、女性ファッション誌などでのレシピ開発や調理、スタイリングを担当。野菜をたっぷり使った家庭料理やおやつを得意とし、いつもの料理も食材のちょっとした組み合わせで変化を楽しめるアイデアレシピが人気。

[STAFF]
撮影　矢野宗利
スタイリング　深川あさり
デザイン　山谷吉立 (ma-h gra)
調理アシスタント　佐々木のぞ美　松本加奈美　紺野理奈
構成＆ライター　望月美佳
編集　小寺智子

■協力
UTUWA
〒151-0051
東京都渋谷区千駄ヶ谷3-50-11
明星ビルディング1F
TEL:03-6447-0070

ひとりぶんをパパッと調理！
マグごはん

2016年6月11日　第1刷発行
2016年8月17日　第2刷発行

著者　　　新谷友里江
発行人　　蓮見清一
発行所　　株式会社 宝島社
　　　　　〒102-8388　東京都千代田区一番町25番地
　　　　　電話 編集:03-3239-0926　営業:03-3234-4621
　　　　　http://tkj.jp
　　　　　振替 00170-1-170829 (株)宝島社
印刷・製本　株式会社廣済堂

本書の無断転載・複製を禁じます。
乱丁・落丁本はお取り替えいたします。

©Yurie Niiya 2016 Printed in Japan
ISBN 978-4-8002-5530-3